中國哲學童年的故事

陳永明 著

商務印書館

書名　中國哲學童年的故事

作者　陳永明
責任編輯　蔡柷音
封面設計　趙穎珊
出版　商務印書館（香港）有限公司
香港筲箕灣耀興道三號東匯廣場八樓
http://www.commercialpress.com.hk
發行　香港聯合書刊物流有限公司
香港新界荃灣德士古道二二〇至二四八號
荃灣工業中心十六樓
印刷　美雅印刷製本有限公司
九龍觀塘榮業街六號海濱工業大廈四樓A
版次　二〇二一年六月第一版第一次印刷

ISBN 978 962 07 6653 4
Printed in Hong Kong

目次

前言

「字字眞」的先秦諸子

這本書要跟大家講幾個中國哲學童年的故事。

中國在春秋戰國（公元前七二二年至前二二一年）前並沒有知名的個別思想家，也沒有甚麼成一家言的哲學思想。直到秦統一中國前的三、四百年間，個別的思想家，也就是「子」，才一時蠭出並作①。先秦時期，因此可以說是中國哲學的初期，或早期。本書要講的故事就是發生在這段時期。

「初期」、「早期」和「童年」在很多方面意義相同，然而活潑、率真、迫切、充滿生命力、童真這些形容詞，卻只是「童年」一詞才有的涵義，「初期」和「早期」是沒有的。歷史上，哲學發展往往糾纏在小節上面，鑽了牛角尖，離開了本來問題的重點，失去了對生命的迫切，變成學府裏面的智力遊戲，夾雜了很多學術上的矯揉，傳統上的顧忌，再不似以前的真誠、率直。就像一個人，「既壯周旋雜癡黠，」②不再「字字真」了；失去了「童真」的哲學是怎麼一個樣子很難言詮，只要把先秦諸子的思想、論著，和不少後人的注釋相互比較，便可以體悟「失童真」是怎麼的一回事了。在這裏要和大家講述的是中國哲學「童年」的故事，不用「初期」、「早期」，而用「童年」來描述要講的故事，就是希望講述這些故事的時候，能讓讀者體會到當時的思想家（諸子）對問題感受的迫切，討論時態度的率直、真誠、開放，領略到先秦諸子思想的童真。

另一點要留意的是，在這裏是要和大家講中國哲學童年的「故事」。同一個人的一生可以有好幾個不同的故事：和配偶青梅竹馬，雖然家庭反對，戰亂流離，終成佳偶的愛情故事；少年時家教過嚴，父子反目，後來怎樣盡釋前嫌，和好如初的倫常故事；懷才不遇，未獲賞識，百折不撓，終於出人頭地的成功故事。同樣，同一件事也可以有不同的故事。故事並不追求全面，涵蓋主角、事情所有的要點。然而，好的故事，就是不全面，卻都能讓聽者更了解故事主角是怎麼一個人，是怎麼一回事，對故事主角有更深的認識。

① 班固，《漢書・藝文志・諸子略》：「諸子十家，……皆起於王道既微，諸侯力政，時君世主，好惡殊方，是以九家之術，蠭出並作。各引一端，崇其所善，以此馳説，取合諸侯，其言雖殊，辟猶水火，相滅亦相生也。」

② 龔定盦，《己亥雜詩》：「少年哀樂過於人，歌泣無端字字真。既壯周旋雜癡黠，童心來復夢中身。」

提到思想家，浮現我們腦海的形象往往是法國著名雕塑家羅丹（François-Auguste-René Rodin，一八四〇年至一九一七年）的塑像《思想者》（*Le Penseur*）：一個赤裸裸的男人，低着頭，托着下巴，神色凝重地在默想；或者一個鬚髮皆白的老人，咬着煙斗，繞室煙霧迷離，坐在堆滿書籍的書桌前沉思。這些圖像呈現的是嚴肅、深邃、凝重、老成。然而，在托着下巴、咬着煙斗沉思默想之前，這些思想者定必面對一個問題，這個問題刺激他們去想。思想，絕不會晴天霹靂，陡然在思想者的腦中出現，一定是由一個問題引發的。沒有問題誘發的不是思想，只是胡思亂想。問題的重要、迫切、普及，和它所誘生的思想的深遠成正比。前述圖像所未能呈示的就是激發思想的問題，嚴肅、深邃、凝重後面的活潑、迫切、流動。很多介紹哲學的書，有似這些思想者的圖像，它們詳細臚列要點，解釋概念，分析論證，發掘其中微言大義，呈示了所討論哲學的嚴肅、深邃，但卻往往沒有交代情節，特別忽略了甚麼是掀起書內所討論的哲學的問題。這些著作可以是經典傳世的佳作，但卻不是「故事」。故事是需要有情節的：把事情的開始、發展、結果，脈絡分明，交代清楚。

「故事」往往給人帶來一個淺薄、不嚴肅的印象：「街談巷語，道聽塗說者之所造也……，芻蕘狂夫之議也，」[3]譁眾隨俗，言不及義，「致遠恐泥」[4]。

其實，故事並不一定淺薄、不嚴肅。古今中外著名、膾炙人口的小說、戲劇，如曹雪芹的《紅樓夢》，莎士比亞的《哈姆雷特》（*Hamlet*）……，都是在說故事，它們的內容嚴肅，深邃，關涉人生重要的問題，發人深省，半點兒也不淺薄。講故事也不是「譁」眾，不是追求「語不驚人死不休」⑤，而是以聽故事的人，不是以說故事的人為本，把受眾放在第一位，用今日的術語，就是對「讀者友善」（reader friendly），希望他們聽得明白，對故事感興趣，願意聽下去，聽完之後，甚至還肯自己繼續追尋、研究。

《中國哲學童年的故事》就像說故事一樣，向讀者講述先秦時期的中國哲學，把其中的情節、發展的脈絡講述清楚，引起讀者對諸子學說的興趣，刺激他們對諸子思想的反思。

③ 班固，《漢書・藝文志・諸子略・小說家》。
④ 同上。
⑤ 杜甫，《江上值水如海勢聊短述》：「為人性僻耽佳句，語不驚人死不休。老去詩篇渾漫興，春來花鳥莫深愁。新添水檻供垂釣，故着浮槎替入舟。焉得思如陶謝手，令渠述作與同遊。」

公元前 二〇〇〇　一五〇〇　一〇〇〇　五〇〇

原始氏族社會	舊石器時代	約二百萬年前-一萬年前
	新石器時代	約一萬年前-前四千年
夏		公元前二〇七〇年-前一六〇〇年
商		公元前一六〇〇年-前一〇四六年
西周		公元前一〇四六年-前七七一年
東周・春秋戰國	春秋時期	公元前七七〇年-前四〇三年
	戰國時期	公元前四〇三年-前二二一年
秦		公元前二二一年-前二〇六年

諸子起點的一問

中國在春秋戰國的五百年間出現了很多不同的思想家，不同的流派，就是後人所謂「諸子百家」，「子」指的是個別的思想家，「家」指的是流派。有人認為「百家」有點誇張。說「百」家，只是言其多也，不是實數，後來論者不必吹求苛責。西漢末年的劉歆（公元前四十六年至公元二十三年）把當時不同的學說歸納成：儒、道、陰陽、法、名、墨、縱橫、雜、農、小說十家。[1]班固以劉歆「七略」為本，撰《漢書・藝文志》，他在〈諸子略〉的結論，已經表示：「諸子十家，其可觀者九家而已，」其中的小說家只是「街談巷語，道聽塗說者之所造也，」是未曾入流的。雜家，從它以「雜」為名，便曉得它的內容駁雜，難以歸類，無以名之，姑且以「雜」為名，乃是不成家派的家派。至於縱橫家和農家，〈諸子略〉所

① 班固，《漢書・藝文志・諸子略》。

列有關的著述，十之八九已經佚失了好幾百年，在中國思想史上並沒有留下甚麼影響。還是，比劉歆略早，《史記》作者司馬遷（約公元前一四五年至前八十六年）的父親，司馬談（約公元前一六五年至前一一〇年），在談六家要旨[2]中把東周末出現的眾多思想流派，歸納成儒、道、墨、法、陰陽、名，六家比較合理。

六家當中，〈諸子略〉認為陰陽家「出於羲和之官，敬順昊天，歷象日月星辰，」關心的是自然界的現象，特別是天文。然而，就如西方的天文學（Astronomy）衍變成象數學或占星術（Astrology）一樣，他們的理論用之於人間世，往往流於迷信，「舍人事而任鬼神」（〈諸子略〉）。名家，根據〈諸子略〉「出於禮官」。禮官主管典章律例，司馬談說：「名家……正名實」，「控名責實，參伍不失」（〈太史公自序〉），也就是確立政府裏面不同職守的權責，釐定憲章條文字義的正確解釋。他們注重名詞的定義，文句的正解，錯誤的引申，司馬談批評他們容易流於：「苛察繳繞。使人不得反其意，專決於名而失人情。」（〈太史公自序〉）就如今人太注重邏輯，往往吹毛求疵，瑣屑繁苛，往往使人無所措手。無論如何，陰陽家和名家，他們的思想重點都不是直接和人事有關，對後來的社會、政治、道德、人生的影響不及儒、道、墨、法四家的大，本書要講述的故事便只以對中國後世影響較大的四家為主。

儒道墨法四家的源起

為甚麼春秋戰國的五百多年間中國出現了這麼多思想家，產生這麼多流派？探究這些流派的源起是歷史上一個大課題。最早，也是影響最深遠的答案，是上述劉歆所提出的。他把每一個流派溯源到一個政府機構。下面是他對儒、道、墨、法四家源起的看法：

儒家者流，蓋出於司徒之官。
司徒主管教化，國家的典章制度。籠統而言，略似今日的文化部、教育部。

道家者流，蓋出於史官。
史官負責紀錄君主（朝廷）的重要宣告和政事。

法家者流，蓋出於理官。

② 司馬遷，《史記・太史公自序》。

理官相當於今日的法官。

墨家者流，蓋出於清廟之守。

清廟之守相當於有國教的國家，好像英國，的主教。

這就是所謂諸子出於王官之說了。

現代學者馮友蘭（一八九五年至一九九〇年）對劉歆把先秦的思想分成十家沒有甚麼異議，但卻不十分接受諸子出於王官之說。他把各家思想溯源到社會不同的階層（羣體），而不是王官、政府的部門。他認為：

儒家源於文人學士（literati）

道家源於隱逸之士（hermits）

法家源於研究治術之士（"men of methods"）

墨家源於武士階層（knights）③

劉歆和馮友蘭這兩個不同的說法，各有他們的理由、優點，在這裏不詳細討論他們之間的優劣，因為，他們的說法就是對的話，也只是說明了各「家」的源頭，並未討論到他們「思想」的源頭。以儒家為例，他們二人只是指出儒家的思想和司徒之官（劉），或文人學士（馮）的想法很相近，大概是他們提出來的學說。但司徒之官或文人學士為甚麼會有這樣的思想？他們這種思想是怎樣產生的呢？這些問題劉馮二人的理論都未有接觸到，但就哲學史而言，思想的起源比家派的起源更為重要，也是本章所最要討論的。

小學的時候學過一首歌：

發明千千萬萬，起點在一問。禽獸不如人，過在不會問。
智者問得巧，愚者問得笨。人力勝天功，只在每事問，問，問。

雖然是兒歌，卻很有道理。的確所有的思想、理論，都是從「一問」開始的。沒有問題，我們不會思想，也不會產生甚麼理論。春秋戰國百家爭鳴，出現了這

③ 馮友蘭這個說法見諸他二十世紀四十年代旅美期間以英文寫成的 *A Short History of Chinese Philosophy*, Chapter 3。相關字詞的中文翻譯是我自己的，翻譯的後面附英文原文，以便讀者參考。

麼多思想家，產生了這樣多學說，因為當時的中國面臨一個重要的大問題，對這個問題不同的回應，便衍生成不同的學說（家）。東周諸子百家，起碼對後世影響較深遠的儒、道、墨、法四家，就是對這個問題四種不同的反應。他們的思想都可以溯源到這個當時中國所面對的大問題。

王國維（一八七七年至一九二七年）在他的《殷周制度論》說：

> 中國政治與文化之變革，莫劇於殷周之際。……其立制之本意，乃出於萬世治安之大計，其心術與規摹，迥非後世帝王所能夢見也。

他認為中國在商朝（約公元前一六〇〇年至前一〇四六年）和周朝（公元前一〇四六年至前二五六年）交替的時候，政治、文化上都起了一個劇烈的變化，因為周朝立國的文王、武王、周公三父子有一個理想，這個理想的構思和規摹是前無古人，後無來者（起碼直到王國維所處的清代）的。對這個「迥非後世帝王所能夢見」的理想的反思，和實現這個理想所帶來的種種問題，便是產生諸子百家的源頭「一問」了。

周朝以前中國的政治制度

周朝以前，中國並不是一個統一的帝國。在古中國的版圖下，散居着很多不同的部落，他們彼此之間沒有血緣關係，各有各的領袖，不同的生活習慣，甚至不同的語言文字。④堯、舜，以至夏、商兩朝的君主之於中土其他邦國，並不是君臣的關係，只是相當於諸侯和盟主的關係。這從史書的記載，可以窺見其一二。

堯知道自己的兒子丹朱不肖，死的時候沒有傳位丹朱，而授天下予舜。舜也沒有把天下傳給自己的兒子商均，而薦禹於天，且以他為嗣。這就是後世所美稱的「禪讓」。可是「禪讓」的故事並不是這樣簡單，我們仔細讀讀《史記‧五帝本紀》的記載：

堯崩，三年之喪畢，舜讓辟丹朱於南河之南。諸侯朝覲者不之丹朱而之舜，獄訟者不之丹朱而之舜，謳歌者不謳歌丹朱而謳歌舜。舜曰：「天也」。

④ 中國就是到今日語言還是未曾統一的，各地方言有時相差很大，不能相互溝通。先秦中國的文字也是未統一，否則秦併天下之時，便無需「書同文」了。

夫而後之中國踐天子位焉，是為帝舜。

同樣舜和禹，虞夏之間的交替也有下面一段敍述：

帝舜崩，三年喪畢，禹辭辟舜之子商均於陽城。天下諸侯皆去商均而朝禹。禹於是遂即天子位，南面朝天下，國號曰夏后。《史記・夏本紀》

禹傳位於他的兒子啟，開始了連禹在內共十四代，十七王，歷時四百多年的夏朝。然而就是禹傳子，還是有下面的記載：

帝禹東巡狩，至于會稽而崩。以天下受益（禹屬下的一位賢臣）⑤。三年之喪畢，益讓帝禹之子啟，而辟居箕山之陽。禹子啟賢，天下屬意焉。及禹崩……諸侯皆去益而朝啟，曰：「吾君帝禹之子也。」於是啟遂即天子位。《史記・夏本紀》

從這三段《史記》的記載，我們看到堯、舜、禹的繼位人都不只是由他們個人決定禪讓誰便給誰的，是需要經過一段時間，直等到諸侯接納他們所禪讓的為領袖，肯聽從他的意見，然後才得踐天子位。舜和禹是等到諸侯都來朝覲，謳歌，請他們獄訟才即天子位。到了禹，諸侯更是以行動拒絕了禹禪讓的選擇：益，尊禹的兒子啟為天子（去益而朝啟）。如果當時的中國已經是定於一尊的帝國，天子和諸侯是君主和臣下的關係，這種情況是不會發生的。很明顯地，當時的天子之於諸侯只是盟主和盟友的關係。

夏、商能夠讓他們的子孫延續十幾世為天子，分別建立了兩個歷時幾百年的王朝，其他的諸侯需要用武力才可以把他們的天子地位推倒，政治規模已超越唐虞二世。然而這兩朝的天子，仍然只是諸侯的盟主，而不是後世的君王。我們看看下面兩段《史記》的記載：

> 自孔甲（夏桀的曾祖父）以來而諸侯多畔夏，……湯修德，諸侯皆歸湯。《史記‧夏本紀》

> 西伯（未得天下前的周文王）陰行善，諸侯皆來決平。於是虞、芮之人，有獄

---

⑤ 括號內的字詞為作者補充資料，非原文。

不能決，乃如周。《史記・周本紀》

這和〈五帝本紀〉：「諸侯朝覲者不之丹朱而之舜，獄訟者不之丹朱而之舜」；〈夏本紀〉：「天下諸侯皆去商均而朝禹。……諸侯皆去益而朝啟。」兩段引文如出一轍。「諸侯皆歸湯」，也就是諸侯都朝覲湯，不朝覲夏桀；「諸侯皆來（西伯）決平」，也就是諸侯獄訟皆到文王那裏，而不到紂王那裏。如果當時的中國是個帝國，夏桀、商紂是諸侯的君主，而不是盟主，這種情況也是不可能發生的。

周人的政治理想

周朝開國的文王姬昌、其子武王姬發、武王弟周公姬旦父子三人不只是想作諸侯的盟主，他們的理想是要建立一個以他們姬家為君主的統一帝國。這個野心和夢想，正如王國維所說，是前無古人的。這樣一個統一的大帝國應該是怎樣的一個架構、模式，都只是他們憑空想出來，並沒有可以用為借鏡的實際榜樣。他們明白這個政治理想並非一蹴即就，所以他們在開國之初便下了不少工夫，建立新的制度，改變人民的思想，為他們這個理想的統一帝國奠下基礎。

我們從甚麼地方可以窺見周人的用心和理想呢？

戰國時期，孟子和滕文公談到為國之道的時候提及當時的稅制。孟子說：

「夏后氏五十而貢，殷人七十而助，周人百畝而徹，其實皆什一也。徹者徹也。助者藉也。」《孟子‧滕文公上》

談到這一段《孟子》，前人都不厭其詳地引進井田制的討論，卻忽略了一個很小，但問下去卻饒有啟發的問題：這三朝的稅制既然「其實皆什一也」（稅率都是百分之十），為甚麼名稱不同呢？有人會認為這是毫無意義，庸人自擾，不成問題的問題。不同的領導部落，可能有不同的方言，稅制名稱因應而更改，又有甚麼值得深究之處？可是孟子卻不是這樣想。他覺得稅制名稱的不同是有理由的。因此除了夏朝的「貢」外，他給其他兩朝稅制的不同名稱加了一個簡單的解釋：「徹者徹也，助者藉也。」提醒大家留心它的意義。

「貢」就是進貢。諸侯向天子獻上財物、禮品。美其言，可以說是表示尊敬，實際上，小國如果要尋求大國的庇護，那便非貢不可。戳穿了，就是今日的所謂「保護費」。被保護者雖然可以說是在保護者之「下」，但這個「下」並不是「下屬」

的下。諸侯不是天子的臣下，他們的地位、權力、利益，並不像臣子一樣，可以任隨天子之見，恣意更改的。他們的地位有似藩屬國、附庸國，和天子的關係純粹基於利益：一方面（諸侯）需要庇護，一方面（天子）提供所需的服務。夏把稅收稱為「貢」（保護費），就表示當時的人對天子與諸侯之間的關係，便是這樣理解的。貢的觀念，孟子沒有解釋，因為和他同時的人都很清楚。

「助」孟子訓為「藉」，也就是相互憑藉，彼此幫助，是互助的意思。不再把稅稱為「貢」，改稱為「助」，便表示對諸侯和天子之間的關係有了一種新的認識：諸侯不再是天子的藩屬國，天子和諸侯是友邦的關係，唇齒相依。天子只是盟主，所定的政策、征伐都是和所有盟國的利益有關的，各盟國在人力物力上應該共同分擔責任，予盟主國幫助。繳稅再也不被視為交「保護費」，而是交「會費」，是所有會員共有的經濟責任。從這個對稅收看法的改變，由「貢」到「助」，我們可以看到天子和諸侯之間的關係扯近了，變得較友善，親密，雖然還不是一家人，但已經是朋友了。「貢」和「助」，並不只是稱謂上的更變，還隱含了對稅收、對天子諸侯間的關係不同的理念。孟子說：「助者藉也」，「藉」是「佐借」、「相互依傍」的意思，提醒大家留心「助」的意義和其中蘊涵的改變。

孟子說：「徹者徹也」也是要提醒大家注意周人把稅制改稱為「徹」的意義，

因為這也隱含了對天子和諸侯之間關係的一種新了解。那「徹」是甚麼意思呢？「徹者徹也」。讓我們從《孟子》，和同期的其他古籍看看「徹」字到底是怎樣解。

「徹」字在《孟子》出現共六次，除了上面引文所出現的三次外，還有三次。兩次見〈離婁上〉：

「曾子養曾皙，必有酒肉。將徹，必請所與。問有餘，必曰『有』；曾皙死。曾元養曾子，必有酒肉。將徹，不請所與。問有餘，曰『亡矣』。」

引文的大意是：曾子奉養曾皙（曾子的父親），每頓飯都有酒有肉。收拾盤碗的時候（將徹）一定問，剩下來的飯菜給哪一個人呢？如果曾皙問還有剩餘的酒肉嗎？一定回答有。到曾子的兒子曾元奉養曾子的時候，雖然每頓飯依然有酒有肉，飯後收拾的時候（將徹），卻沒有再問剩下的給誰了。曾子如果問還有沒有剩下來的飯菜，（不一定說有，而是視真實情況，）便說沒有了。

這段引文，「徹」字兩次出現，都是「收回」的意思。

「徹」另一次的出現在《詩經》的引文，見《孟子・公孫丑上》：

「詩云：『迨天之未陰雨，徹彼桑土，綢繆牖戶。今此下民，或敢侮予？』⑥孔子曰：『為此詩者，其知道乎！能治其國家，誰敢侮之？』」

詩的大意是：在還未開始天陰下雨的時候，便收集桑根、泥巴（徹彼桑土），堵塞、填補門口和窗的隙穴，有這樣（預防心）的民眾，有誰可以欺負呢？

這裏「徹」字當「收集」解。

我們看《論語》，「徹」字共出現三次，兩次在〈顏淵篇〉：

哀公問於有若曰：「年饑，用不足，如之何？」有若對曰：「盍徹乎？」曰：「二，吾猶不足，如之何其徹也？」

大意是：魯哀公問有若，荒年入不敷出，怎辦？有若回答，那便抽十分之一的稅吧（盍徹乎）。哀公說，十分之二也不夠，十分抽一（徹）又有甚麼用呢？

這裏的「徹」是當時「稅」的名稱，對解釋為甚麼把稅收稱「徹」沒有幫助。

另一處見〈八佾〉：

三家者以雍徹，子曰：「『相維辟公，天子穆穆。』，奚取於三家之堂？」

魯國仲孫、叔孫、季孫三個大臣祭祀祖先完畢，收回禮器的時候伴以雍樂（以雍徹）。孔子指出根據禮法，只有天子祭祖才用雍樂的，魯國三卿，位不過諸侯臣屬，地位遠遜天子，祭祖時竟然奏雍樂，對他們的僭位無禮，大表憤慨。這裏「徹」字，和上面《孟子・離婁上》引文：「必有酒肉。將徹」，裏面的「徹」字同義，都是作「收回」解。

從上述的例可看，「徹」字在東周的時候，除了指稅制以外，一般的用法是作「收集」、「收回」解的，和現代漢語：「徹兵」、「徹回」裏面的「徹」字同義。

把稅稱為「徹」，也就是把稅看成是回收，在觀念上，和把稅視為進貢，或幫助是一個很大的轉變。貢也好，助也好，觀念上都視交稅的財物本來是屬於納稅人的。他們為了尋求庇護，或者為了分擔責任，把部分屬於他們的財物送給天子。但把稅看成為徹——回收，便是認為繳納的稅項本來並不屬於納稅人，而是屬於天子的。因為納稅人無論從耕種、冶礦、田獵、漁樵、紡織所得，都只是

---

⑥ 引詩原出《詩經・豳風・鴟鴞》。

靠借用了本來屬於天子的資源：土地、山林、湖溪、原野……納稅只是天子收回部分本來便是屬於他的財產。如果沒有定於一尊的大一統國家觀念，只認識小國林立，部落共主，聯邦式的政體，是不可能把稅看成「徹」的。只有在「溥天之下，莫非王土；率土之濱，莫非王臣」（《詩經・小雅・北山》）的理念下才會把稅收看為天子的回收，把稅制稱為「徹」。周朝的前無古人、規摹宏大的理想便是要建立一個「溥天之下，莫非王土；率土之濱，莫非王臣」，以他們姬姓子孫為君主的大一統帝國，從他們把稅制改稱為「徹」，便可以窺到他們的野心。

周代的變革：定封建制度

為了實現他們建立統一帝國的理想，周朝立國的時候作了好幾個重要的改革，在下面我們討論其中兩個較重要的。

第一，便是封建。封建制度並不是周朝開始的。夏、商兩朝已經分封土地給自己同姓的子弟了。從下面兩段《史記》引文可見：

> 禹為姒姓，其後分封，用國為姓，故有夏后氏、有扈氏、有男氏、斟尋氏、彤城氏、褒氏、費氏、杞氏、繒氏、辛氏、冥氏、斟戈氏。〈夏本紀〉

契為子姓，其後分封，以國為姓，有殷氏、來氏、宋氏、空桐氏、稚氏、北殷氏、目夷氏。〈殷本紀〉

除同姓之外，夏、商二代也有分封異姓的紀錄，根據〈齊太公世家〉：

太公望……先祖嘗為四嶽，佐禹平水土甚有功。虞夏之際封於呂，或封於申，姓姜氏。

〈秦本紀〉：

秦之先……，佐舜調馴鳥獸，鳥獸多馴服，是為柏翳。舜賜姓嬴氏。……（商時），遂世有功，以佐殷國，故嬴氏多顯，遂為諸侯。

然而分封異姓為數不多，而且不是在開國的時候大規摹地賜封，只是在有國的數百年間，臣子因辦事得力，蒙天子欣賞，才被封為諸侯，以資獎勵。有功的開國大臣卻未見被封，就是輔助成湯建立商朝、居功至偉的伊尹，《史記》也沒有記載他得到分封。他的後人也沒有被立為諸侯國。

到了周代卻是有所不同。虞、夏、商、周四朝的第一位天子踐位的時候，《史記》都有記載當時諸侯對他的服從、擁戴：

舜：「諸侯朝覲者不之丹朱（堯的兒子）而之舜，**獄訟者不之丹朱而之舜**，**謳歌者不謳歌丹朱而謳歌舜**。舜……而後之中國踐天子位焉」〈五帝本紀〉；

禹：「天下諸侯皆去商均（舜的兒子）而朝禹。禹於是遂即天子位。」，「帝禹……崩，以天下授益（禹的臣子）。……**諸侯皆去益而朝啟**（禹的兒子），……於是啟遂即天子位」〈夏本紀〉；

湯：「湯既勝夏，欲遷其社，不可，作夏社。伊尹報。**於是諸侯畢服**，湯乃踐天子位。」〈殷本紀〉；

周：「紂……自燔于火而死……武王乃揖諸侯，**諸侯畢從**。」〈周本紀〉。

然而敘述周的開國，除了說到「諸侯畢從」外，還有下面一段的記述是前三代所沒有的：

「（武王）罷兵西歸。行狩，記政事，作武成。**封諸侯**，班賜宗彝，作分殷之器物。武王追思先聖王，乃褒封神農之後於焦，……於是封功臣謀士，而師尚父為首封……。餘各以次受封。」〈周本紀〉

「封諸侯」這三個字，是敘述前三朝開國時所未見的。太史公特別提及周初的封諸侯，因為這是前所未有，意義重大。周朝封諸侯和前朝的不同在哪裏呢？就是它的數量、對象（封哪些人）和目的。

首先看看數量：

《荀子・儒效》：「周公屏成王而及武王，以屬天下，……兼制天下，立七十一國，姬姓獨居五十三人，而天下不稱偏焉。」七十一國是很大的數目，同姓者五十三人是個很大的比率，那是前所未見，惹人矚目的。然而，這只是周初所封諸侯的一部分，而且是很小的部分，大概只是總數十分之一左右。

根據《史記》和《漢書》的記載，受封諸侯的數目遠不止七十一。《史記・漢興以來諸侯王年表》：「武王、成、康所封數百，而同姓五十五」；《漢書・諸侯王表》：「周……封國八百，同姓五十有餘」。同姓五十三和五十五相差很少，前人亦有解釋以為「三」和「五」形似，是以有誤⑦，不必過於計較。可是七十一和數百，或八百，那相差十倍以上，便不能不尋求一個解釋了。如果我們留心，《荀子》說的是：「立」七十一國；《史記》、《漢書》說的是：所「封」數（或八）百。

封和立的分別

「立」和「封」有甚麼不同呢？「立」指的是本來沒有，新成立，或建立的。周初立七十一國，這七十一個同姓的子弟和異姓的功臣，他們以前並不是諸侯，周初才被天子封為諸侯，賜有封邑。以魯國和齊國為例：周以前是沒有魯國的，武王封周公於曲阜，才有魯國；齊國，也是前朝未有的，只在武王封尚父（姜太公）於營丘後才有。這七十一國都像齊和魯，周之前是未有的，都是周天子在開國的時候所立的，沒有周天子的「立」，它們便不會出現。周以前，夏商兩代的封建，同姓分封，其實就是《荀子・儒效》所謂的「立」；然而，周朝開國之初的封建，不只「立」，還有「封」。立的只是小數，封的佔絕大部分。

周朝的「封」是甚麼呢？從數量而言，封國八百，封一定和立不同。商周之際諸侯國的數量，最高的估計大概在一千上下，⑧如果封和立一樣，同樣都是建立新的諸侯國，周朝斷不能把諸侯國的數目一下子倍增。哪裏來這麼多土地？這麼多可封的人？所以合理的解釋是《荀子》所提的數目七十一是指新建（立）的；《史記》、《漢書》的數百，或八百是指受封的，並不只是新立的。這便涉及周初封建和前朝不同的第二方面了：對象，誰是這眾多的受封者？

從數（或八）百這樣龐大的數目看來，周初開國時的受封者應該包括差不多全部的舊諸侯國，否則不能有這麼大的數目。開國的時候不只立新的諸侯國，還大封幾乎全部的舊諸侯國，所有舊諸侯都是受封的對象，那似乎是周代才有的。夏商開國，只是得到當時諸侯的擁戴、服從，並沒有「封」這些舊諸侯。《史記》在記述周開國的時候，特別提到「封諸侯」，就是因為這是周代和夏、商兩代不同，值得注意的地方。

⑦ 梁啟雄，《荀子簡釋・儒效》。引郝懿行注：「《左傳》晰言之曰：『其兄弟之國者十有五人，姬姓之國者四十人。』以校此數，三當為五，或三五字形易於混淆，故轉寫致誤耳。」

⑧《逸周書・世俘解》：「武王遂征四方。凡憝國九十有九國……凡服國六百五十有二。」據此武王時諸侯國數目至少有七百五十一。固然《逸周書》未可盡信，但商周之際諸侯國的數目超過五百應該是可靠的。

史籍沒有記載怎樣封諸侯，怎樣立卻是有記的，主要便是頒予爵位，授以封邑。但舊的諸侯已經有了爵位，有了封邑，為甚麼還要封？怎樣封？推測大概不出下述兩途：

一、遷移他們的封邑。譬如，據《史記正義》，湯封夏之後於夏亭（汝州郏城縣東北五十四里），周初武王把他們遷於杞（汴州雍丘縣）。可是封國數百，數目這樣大，恐怕不能全部都遷移到新的封邑，這樣大規模的遷徙、兜亂，不止難以實行，甚至不能想像。大概只有小部分的舊諸侯國被遷，大部分仍然留在原來的地方。

二、確認，或改變他們的爵位。夏、商兩朝的制度，孔子已經慨嘆「文獻不足，」[9]太史公也說：「殷以前尚矣（太古舊了）」（《史記・漢興以來諸侯王年表》）。究竟夏商二代諸侯有沒有爵位、等級、分幾等，今日已經難以稽考。根據《史記・漢興以來諸侯王年表》「周封五等：公、侯、伯、子、男。」周朝的爵位分等很可能與前朝有別。在開國的時候，天子重新釐定，或確認各諸侯的爵位，但卻沒有遷移他們的封邑。我看這就是封數百舊諸侯的方法。

這樣史無前例地大量封立諸侯，為的是甚麼？有甚麼意義？

立同姓、功臣為新諸侯，授以封邑以屏藩周室，幫助實踐文、武、周公建立以姬姓為君主的統一大帝國的理想，「封建親戚以蕃屏周」（《左傳・僖公二十四年》）意義毋庸多說了。周初所立不少同姓的新諸侯國，譬如，邶、鄘、衛，很清楚就是為了監視其他不友善的邦國。⑩然而鮮為人注意的大封舊有諸侯，其實較諸大量建立同姓功臣的新諸侯邦國，意義更是重大，影響更為深遠。

周以前朝代的更替，對舊有的諸侯而言只不過是換了一個不同的盟主。他們原有的地位和封邑跟新盟主是沒有關係的：爵位不是新盟主封立，封邑也不是他所頒賜。周初的封建，在觀念上把諸侯和天子之間的關係大大地改變了。不論新建的，抑舊有的諸侯都一律受封於天子，無形中承認不管新舊，所有諸侯的爵祿、封邑都是來自天子的。沒有天子的封，也便沒有他們的爵位、封邑。本來蒼天之下，諸侯國各自獨立自主，各有各的屬土，然而經此一封，便變成了「溥天之下，莫非王土，率土之濱，莫非王臣」了。要一一征服數百諸侯國，叫他們俯首稱臣，並不是容易的事。周初的舊諸侯，大抵以為得獲新天子的封授，確認自

⑨《論語・八佾》：「子曰：『夏禮，吾能言之，杞不足徵也；殷禮，吾能言之，宋不足徵也。文獻不足故也。足，吾能徵之矣。』」

⑩張守節，《史記正義》：「周既滅殷，分其畿內為三國……邶以封紂子武庚；鄘，管叔尹之；衛，蔡叔尹之，以監殷民，謂之三監。」據《帝王世紀》，邶是交予霍叔的。既曰三監，如果邶是紂子武庚的封邑，那便是被監的，不應入三監之列。《帝王世紀》邶子霍叔之說較為可信。

己的屬土，爵位是一種光榮，也便不以為意，欣然受封。沒料到，就只這一封，兵不血刃，周室，起碼在觀念上，便達到了天下一統以姬姓為君王的目的了。諸侯國接受了天子的封，也就在觀念上承認他們的所有，封邑也好，爵位也好，原都是來自天子所賜。周代的稅制也就名正言順地稱為「徹」，因為天下本來就全都是天子所擁有，稅就只是回收一小部分本來就是屬於他的。文、武、周公的政治智慧和手段，從周初封諸侯看去，真的如王國維所說：「心術與規摹迥非後世（也非前世）帝王所能夢見也。」⑪

周初的封建一面擴大了姬姓在中原的勢力，另一面，在觀念上改變了天子和諸侯間的關係——從盟主與盟國，變成君王和臣屬，為統一帝國立下了一塊重要的基石。

周代的變革：禮制

第二個大變革便是禮的建立。今日提到禮，指的多是禮儀。然而從前，就只是百多二百年前的清代，禮指的，雖然也包括禮儀，但主要是禮制。政府的禮部不是相當於今日的禮賓部，而是監管國家典章制度的一個非常重要的部門。傳統以為周公制禮作樂。《禮記・明堂位》：「周公……制禮作樂，頒度量，而天下大服。」周公以個人之力，無論如何聰明睿智，大概都不能制定這樣複雜的制度。禮大概是周朝開國的主要君臣——文王、武王、尚父、周公一干人等——集體智慧的結晶品，不過由周公負責頒布、執行而已。禮是周初立國時為大一統帝國理想所奠下的另一塊，也是最重要的一塊基石。因此，周和禮便結了不解緣，提到周代，我們不期然便想到禮。

周朝的禮制複雜，王國維在《殷周制度論》只討論了他認為最重要的三點：「欲觀周之所以定天下，必自其制度始矣。周人制度之大異於商者，一曰：立子立嫡之制……；二曰：廟數之制；三曰：同姓不婚之制。此數者皆周之所以綱紀天下。」就是為了討論這三點，《殷周制度論》引述文獻，證據之繁多、細密，已經不是本書的篇幅可以容得下，所以在這裏我無意跟各位介紹周禮的內容，只和大家略談周禮的主要精神和它對建立一統帝國的重要。

把血緣不同、文化不同，甚至語言文字都有差異，彼此分立的列國組織成一個統一的大帝國，是政制上天翻地覆的大改革。以前的小諸侯國掌權的都是同姓家人，其餘的便是毫無地位的庶民、野人；他們和其他的諸侯國，包括盟主國，

⑪ 王國維，《殷周制度論》。

雖然強弱有別，但彼此都是友邦，也就是朋友的關係。在大一統帝國下，這一切都必須更變。然而「統一帝國」是一個全新、沒有人經驗過、沒有可借鏡的模式，只是存於心中的理想，實踐時所面對的困難，其他人，無論是敵是友的憂疑，也便不言而喻了。

在這個大轉變當中，不同人等的位分，人與人之間的關係都有極大的轉變，如果變的時候沒有準則、規矩，必然生亂。《商君書・開塞》說得很清楚：

> 天地設而民生之，當此之時也，……其道親親（掌權的皆家人）而愛私（「私」指私有財產）。親親則別，愛私則險，民眾而以別險為務，則民亂。……故聖人……作為土地貨財男女之分。分定而無制，不可，故立禁。

這裏提到的「分」是崗位、職分；「制」是配應「分」的權責守則。這兩者便是周禮主要的內容。

《莊子・天下》兩次提到禮，都強調它是行為的規範：「以禮為行」，「禮以就行」。

《禮記・經解》的解釋便更加詳細了：

禮之於正國（統一的帝國，不是諸侯小國）也：猶衡之於輕重也，繩墨之於曲直也，規矩之於方圓也。……故以奉宗廟則敬，以入朝廷則貴賤有位，以處室家則父子親、兄弟和，以處鄉里則長幼有序。

這些早期討論禮的文章都把禮和「位分」、「素位（配合不同位分）的行為」結連在一起的：「作為土地貨財男女之分」（《商君書・開塞》）；「貴賤有位，……長幼有序」（《禮記・經解》）。就是因為在商周交替之際，為了實踐統一帝國的理想，社會的組織、秩序、運作都要作天翻地覆的更變，如果沒有清楚指引，在新社會裏面，佔居不同新崗位的人各各要如何運作，如何彼此配合，人民便無所措手足，社會將必大亂。禮，便是周室所釐定，代替舊有的新組織，新秩序，新運作，新制度，新規條。

對周禮的挑戰

周室雖然在開國之初奠下了這兩方——封建和禮制的基石，實現大一統帝國理想之路仍是困阻重重，一直受到有意無意的衝擊、挑戰。

第一個大挑戰，發生在周立國後僅兩、三年。

武王已克殷，後二年，……天下未集……武王有瘳，後而崩。太子誦代立，是為成王。成王少，……（周）公乃攝行政當國……周公行政七年，成王長，周公反政成王，北面就羣臣之位。《史記・周本紀》

為甚麼周公攝政七年，還政其姪成王，北面稱臣，成為在中國歷史上傳誦一時的美事呢？因為周代之前，殷商的繼承法是兄終弟及，武王崩後，周公在「成王少，天下未集，恐諸侯畔」的情勢下，以王弟的身分即天子位，依當時習慣的舊制是天公地道、理所當然的，並不會揹上僭篡的惡名。然而，傳子立嫡的制度是周人所提出的新禮制，大一統帝國裏面的一支重要柱石，⑫如果在第一次需要執行新制的時候，周公便因為不肯放過當天子的機會，棄而不從，那周禮便難為天下人接受，理想中的一統天下的大國又不曉得要晚出多少年了。周公的見識、胸襟，實在百世難得一見。得到歷史的認可，是實至名歸的。雖然如此，經過西周三百多年，直到平王東遷後，周室開國時的理想還是未曾實現，周天子還只是諸侯的盟主，諸侯國依然只是友邦，這從歷史上周鄭交質一事可見。

鄭武公，莊公，為（周）平王卿士。王貳于虢，鄭伯怨王。王曰：「無之。」

故周鄭交質。王子狐為質於鄭，鄭公子忽為質於周。《左傳・隱公三年》

鄭武公、莊公是周平王的卿士，可是平王想把他們的權位轉給虢公。鄭伯不滿，向平王投訴，平王否認：「沒有這回事。」於是周和鄭交換人質，周把王子狐送到鄭國，鄭國把公子忽送到周廷，以取信對方。如果當時周天子已經建立了他的君主地位，鄭武公、莊公固然仍然可以向天子就被削權一事投訴，但「交質」是絕不會發生的。只有平等地位的邦國才可能有交質之事，亦只有平等地位的邦國才會以交質取信對方。

周室東遷以後逐漸衰微，姬姓子孫既沒有開國的文、武、周公之德，也沒有他們之能，建立以姬姓為君主的一統帝國之夢固然難圓，就是維持像夏商天子的盟主地位也岌岌可危。春秋戰國年間，禮制和統一的理想便受到嚴峻的考驗了。當時，諸侯有事往往不朝周，而另覓可信賴的領袖，為他們解決問題，這便是春秋戰國時的所謂「霸主」了。第一位，也是最著名的霸主便是齊桓公（死於公元

---

⑫ 王國維的《殷周制度論》裏面對立子立嫡制的好處有十分詳盡的討論。有心的讀者可以一讀。於此不贅。

前六四三年）。據《史記・齊太公世家》所載：

> 二十三年，山戎伐燕，燕告急於齊。……二十八年，衛文公有狄亂，告急於齊。……三十五年……桓公於是討晉亂，至高梁，使隰朋立晉君，還。

可見當時諸侯有事並不是向周，而是向齊告急；桓公甚至可以替其他的諸侯國立君。〈齊太公世家〉接下來記道：「是時周室微，……齊為中國會盟，而桓公能宣其德，故諸侯賓會。」這時中國的政治形勢就像前面談到夏商之交：「諸侯多畔夏。……湯修德，諸侯皆歸湯」；商周之際：「西伯（周文王）陰行善，諸侯皆來決平。……虞、芮之人，有獄不能決，乃如周」相若。齊桓公隨時可以像禹、湯、文、武一樣，說聲「天也，」便即天子位，成為眾諸侯的新盟主。可是齊桓公沒有這樣做，還率領諸侯守禮，尊周室為天子。上面提到他助燕抗山戎，燕莊公十分感激，齊桓公卻勸燕莊公恢復祖先的政策，尊周室為天子，納貢於周一事[13]，便可得見。

到了後來，齊桓公的威名越來越大，諸侯都服膺他的領導，他自己也抵擋不住引誘，說：「諸侯莫違寡人。寡人兵車之會三，乘車之會六，九合諸侯，一匡天下。昔三代受命，有何異於此乎？吾欲封泰山，禪梁父」，執意要登天子之位。幸得他的宰相管仲固諫，還出計勸阻，[14]才沒有成事。孔子說：「桓公九合諸侯，不以兵車，管仲之力也。如其仁！如其仁！」（《論語・憲問》），便是稱讚管仲堅守周禮，維持「統一帝國」理想的遠見。如果桓公在當時就這樣踐天子之位，也只不過是當上諸侯的盟主，把中國帶回夏商時代的政制，天下一統的帝國恐怕又得再等七、八百年才會出現了。

一統帝國是不是中國該走的路？禮制是不是一統天下最合適的新制度？怎樣實踐這個新理想？推行這個新制度？便是春秋戰國時中國所面對的大問題，諸子學說，特別其中的舉舉大者：儒、道、墨、法四家，便都是對這個大問題不同的回應。對周初一統天下的理想和禮制的反思就是諸子學說思想的源起。

⑬ 事見《史記・齊太公世家》：「二十三年，山戎伐燕，燕告急於齊。齊桓公救燕，遂伐山戎，至于孤竹而還。……命燕君復修召公之政，納貢于周，如成康之時。諸侯聞之，皆從齊。」

⑭ 事見《史記・齊太公世家》：「管仲固諫，不聽；乃說桓公以遠方珍怪物至乃得封，桓公乃止。」

墨家的故事

兼愛尚賢：羣眾運動的口號

周幽王（公元前七八一年至前七七一年）為了賺得他的愛妃褒姒一笑，烽火戲諸侯的故事大家都聽過。後來西夷犬戎攻幽王，幽王舉烽火，諸侯被戲弄在前，都沒有出兵營救。幽王被殺驪山之下。太子宜臼立，是為平王。平王害怕犬戎，遷都雒邑，開始了歷史上的東周時代。周室東遷後的幾百年，周主已經無力維持中土秩序，諸侯間戰伐頻仍，兼併是前所未見的劇烈，周初時數以百計的諸侯國，到了戰國末期只剩下不到半百，其中犖犖大者就是《三字經》「七雄出」的七雄：齊、楚、燕、趙、韓、魏、秦。諸子各家的學說就是在這個時代出現的。《漢書・藝文志・諸子略》說：「諸子十家，……皆起於王道既微，諸侯力政，時君世主，好惡殊方，是以九家之術，蠭出並作。各引一端，崇其所善，以此馳說，取合諸侯，其言雖殊，辟猶水火，相滅亦相生也。」

然而從周朝到今日二千多年，中國的朝代何止十數，每次改朝換代都可以說是王道既微，也都有不少覬覦天子之位的「諸侯」，為甚麼只有周朝的末年對思想界才有這樣大的衝擊，諸子學說才「蠭出並作」呢？理由是：周朝末年中國面對的並不只是朝代的更替，天子家姓的轉換，而是政治體制、觀念的變天。在諸侯兼併、權力逐漸集中的過程中，過去習慣的聯邦盟主制定必消失，周初嚮往的統一帝國是否中國政制理想的將來？周朝為建立帝國所定下的禮制是否理想，應該維持？便成了當時知識界的熱門話題，引發對後世思想影響最大的：儒、道、墨、法四家思想的重要「一問」了。

對一統帝國和周禮都持正面意見的，四家中只有儒家；都持負面意見的只有道家。法家和墨家接受，起碼沒有反對天下一統的觀念，但兩家，雖然接受的理由不一樣，卻都反對當時的周禮。四家的故事，我們從比較簡單、對中國文化影響較小的開始，複雜的、對後世影響較大的，留到後面講述。

以「墨」為名的啟示

墨家是四家中對後世影響最小的一家。它的思想也沒有其他三家的複雜周詳。這大概因為墨子之後承繼無人，在理論上沒有更進一步的發展。從它被稱為「墨」家，（以人名為流派的名稱，在諸子十家中只此一見），已經可以窺見一二了。

諸子的學說，也就是「家」，大都是以該學說的中心思想為名的，好像「道」家談道；「法」家論法；「陰陽」家研究陰陽五行，即自然界的運作；「名」家循名責實，關心定義和推理，只有儒家和墨家不同。儒家以當時社會的一個特別羣體的稱謂「儒」為名；而墨家是以它學說的代表人物，有說它的始創人，墨翟（約公元前四六八年至前三九一年）的姓氏為名。以墨子的姓氏為名，表示墨家裏面沒有幾個和墨子一樣分量的代表人物，主要的理論也全都包括在《墨子》一書之內，其他人等沒有甚麼重要的引申發明。《漢書・藝文志・諸子略》記述九流十家，列入墨家之下的個別思想家只有六位，是諸家中最少的。除墨翟外，其餘五位，兩位在墨子前，是部分墨子思想的源頭；[1]三位在墨子之後，都是墨翟的弟子。〈藝文志〉所記諸家，除墨家外，其餘各家都不是這樣的，每流派下所列的個別思想家都不只是屬於一個小圈子，或局限於某大師出現的一兩百年間。看來在墨子的圈子之外，或一傳弟子以後，墨家便再沒有值得一提的大家了。

墨家大盛的原因

然而墨家的思想在墨子一生及其後的百多年間，盛極一時。從孟子所說：

① 譬如《田俅子》：「唐宋類書，時見稱引，多言符瑞」。近人顧實便說：「亦明鬼之意歟？」《顧實：漢書藝文志講疏》推測它是墨子明鬼思想所由自。

「聖王不作，諸侯放恣，處士橫議，楊朱、墨翟之言盈天下。天下之言，不歸楊，則歸墨」（《孟子・滕文公下》）可見。墨子思想吸引人的地方在哪裏呢？政治混亂，戰伐頻仍，社會動盪，看到民間的疾苦，執政的無能，制度的不公，激進的有識之士往往覺得濟民之急需要實際的行動。一切政治改革、道德教育的理論，無論怎樣合理、崇高，都是「王道迂闊而莫為」。《論語・子路》記載，子路問孔子如果有機會在衛國執政，第一件要做的是甚麼？孔子回答：「必也正名乎？」率直、激進的子路便按捺不住，衝口而出批評老師孔子：「有是哉！子之迂也！」就是一個例子了。墨家一派就是當時激進派的代表。在今日，他們是紅十字會、扶貧運動、無國界醫生、上街遊行抗議的族羣。他們的強項：坐言起行，不避艱辛；他們的弱點：缺乏一個縝密的中心理論架構。在當時，他們為民請命的聲音和行動，就是他們的吸引力。

墨子看到社會種種不公平、不合理的現象，敢於提出嚴厲的抨擊，說出一般平民百姓、賤民、野人的心聲。我們看看下面幾段墨子的話：

今王公大人，其所富，其所貴，皆王公大人骨肉之親，無故富貴，面目美好者也。〈尚賢下〉

當時的王侯貴冑都是世襲的，他們的權位、俸祿都不是因為他們自己的才幹能力，或對社會的貢獻而取得的，是靠祖宗的遺蔭，生而有之的。他們所任用的，如果不是像他們一樣權位世襲的親人，就是他們所偏愛、表現愜他們意的人。〈尚賢下〉說這些人是「無故富貴」，是說他們的財富勢位是世襲、生而有之的；「面目美好」，是指他們只是迎合王公大人的口味，博得他們的喜歡。「無故富貴，面目美好」這八個字實在可圈可點，道盡了當時政制下，庶民所最難接受的不公。這些無故富貴，面目美好對社會人民沒有半點貢獻的人，卻耗費大量國家的資財在他們的個人和家族身上。墨子特別舉出貴族在喪禮上的花費為例：

今王公大人之為葬埋……必大棺中棺。革闠三操。璧玉既具，戈劍鼎鼓壺濫，文繡素練，大鞅萬領，輿馬女樂皆具，……此為輟民之事，靡民之財，不可勝計也。其為毋用也若此矣。〈節葬下〉

直斥這些無故富貴的領袖階層，在禮制幌子下盡享人間奢華，浪費了應該用來改善民生的財力、物力。他特別舉喪禮為例，因為在死人身上花這麼多的錢財，在墨子眼中，是最愚蠢、沒有絲毫益處的浪費，禍國殃民，莫此為甚，「其為毋用也若此矣」！除了浪費金錢以外，這些無故富貴的王公大人對待自己和對待其他的人十分不同。他們可以為所欲為，但一般平民百姓如果有和他們類似的行為，雖然禍害遠比他們輕，但卻要受很重的刑罰。〈天志下〉：

今王公大人之為政也，自殺一不辜人者；踰人之牆垣，抯格人之子女者；與角人之府庫，竊人之金玉蚤絫者；與踰人之欄牢，竊人之牛馬者；與入人之場園，竊人之桃李瓜薑者，今王公大人之加罰此也，雖古之堯舜禹湯文武之為政，亦無以異此矣。今天下之諸侯，將猶皆侵凌攻伐兼并，此為殺一不辜人者，數千萬矣；此為踰人之牆垣，抯格人之子女者，與角人之府庫，竊人之金玉蚤絫者，數千萬矣；……而自曰義也。故子墨子言曰是蕡義者……。今有人於此，少示之黑謂黑，多示之黑謂白。必曰吾目亂，不知黑白之別。……今王公大人之為政也，或殺人於其國家禁之，……有能多殺其鄰國之人，因以為大義，此豈有異蕡白黑……之別者哉？

一個平民如果殺了人，偷了鄰居的財物，便要受懲罰；然而王侯貴族，殺人千萬，掠奪他人財富千萬，不只不用受罰，往往更以此為義，視之為對國家的貢獻。小的、輕的是罪；大的、重的，反被稱為義。就像小小一方寸的黑色是黑，數百平方丈的黑色便稱之為白，我們都看出它的不合理。然而，當時對待貴族和平民的標準就是這樣的不合理。欺詐比平民大，殺人比平民多，如果是王侯貴冑，往往不只沒有懲罰，反倒被稱為義，不公之甚莫過於是。

這些攻擊權貴、揭露社會不公、為民請命的直言，在先秦諸子中難得一見。那時代的庶民是沒有受教育、無權無勢、有口難言的一羣，得到一位墨子這樣出色的代言人，為他們發出義正詞嚴、對上位不留情面的不平之鳴，實在求之不得。再加上墨子不只批評，更坐言起行，「摩頂放踵，利天下，為之。」（《孟子．盡心上》）。他的弟子也甘心追隨他的訓誨，「服役者百八十人，皆可使赴火蹈刃，死不還踵」（《淮南子．泰族訓》）。《墨子．公輸》記載墨子聞公輸盤為楚造雲梯攻宋，自魯「裂裳裹足，日夜不休，十日十夜」，置一己性命於度外，兼程趕往阻止；他的弟子賑災扶貧，《禮記．檀弓下》不食嗟來之食的故事：「齊大飢，黔敖為食於路……」那在路邊賑濟飢民的黔敖便是墨子的弟子（《墨子．耕柱》）。從這兩個故事可以看到墨家之徒在墨子率領下，身體力行，為民盡力，民眾對他們的擁戴，「墨翟之言盈天下」是自然不過的。

兼愛

上面所引的《墨子》章句都是對時政的批評，矛頭指向在上位的執政者，從每段都以「今王公大人」開始可見。這雖然吸引了很多追隨的人，但要成一派學說，不能只是對某些階層負面行為的批判，還必須找出這些行為背後的緣由；不能只是破，還必須有所立。春秋戰國時一般王公大人的行為的確應受批判，墨家的批判也的確切中要害，但這究竟是因為個別執政者個人品德墮落？抑源於當時整個政制的不健全？如果是前者，改善的方法就只需要除去個別的暴君，循此不能開展出一個學派的思想；如果是後者，那便必須提出一個正面、怎樣改善不健全政制的理論，才可以成一家之言。墨家對後世影響不大，就是他的立，他的正面理論不夠周詳堅實。

墨家的正面理論，最重要的是：兼愛和尚賢。我們先看他的兼愛。甚麼是兼愛？《商君書・開塞》：

> 天地設而民生之。當此之時也，民知其母而不知其父，其道親親而愛私。親親則別，愛私則險。

「親親」，第一個「親」是動詞，親近、關顧之意。第二個「親」是名詞，指的是和自己有密切關係的人：家人、親戚、朋友。「親親」就是愛顧自己的親朋戚友。「私」指屬於自己的財產。②「愛私」就是愛惜屬於自家的財物，「親親，愛私」就是「別」，把與自己有關的人和物分別出來，特別關懷優待。「兼」是「別」的相反，也就是不只關顧和自己有關的人和物，同樣地關顧其他的人和物。墨子認為天下的禍害都是源於別：只關心自己，漠視他人。要消除舉世的禍害，便得以兼易（代替）別：

> 眾害……胡自生？此自愛人利人生與？即必曰非然也，必曰從惡人賊人生。分名乎天下惡人而賊人者，兼與？別與？即必曰別也。……是故子墨子曰別非也。非人者必有以易之……子墨子曰兼以易別。然即兼之可以易別之故何也？曰：藉為人之國，若為其國，夫誰獨舉其國以攻人之國者哉？為彼

② 「親」和「私」指的都是和自己有密切關係的。前者是和自己有關的人：親友；後者是屬乎自己的財產。在東周以前這些財產也包括人：戰俘、奴隸。後來的思想家（如孟子）便把「私」（財產）裏面的人，和物分開，另成一類，並提出對他們應該有在「親」和「私」以外不同的待遇。詳見本書討論儒家思想的篇章。

者由為己也。為人之都，若為其都，夫誰獨舉其都以伐人之都者哉？為彼者由為己也。為人之家，若為其家，夫誰獨舉其家以亂人之家者哉？為彼者由為己也。然即國都不相伐，人家不相亂賊，此天下之害與？天下之利與？即必曰天下之利也……然即之交兼者，果生天下之大利者與？是故墨子曰……兼是也。〈兼愛下〉

如果人人都能以兼易別，沒有彼此之分，視別人的國家如同自己的國家，他人的利益如同自己的利益，便沒有國與國相互的爭戰，人與人之間的衝突了。〈兼愛下〉的引文簡明扼要地說出了以兼易別的理據，正如《荀子・非十二子》所說：「言之成理，持之有故。」然而明白兼是別非，應該以兼易別，並不是墨子所獨有的創見，在〈藝文志〉的諸子十家裏面，我們找不到任何一家持不同意見，反對兼愛。就是墨子常常批評的儒家，在《禮運・大同》篇，是這樣描述他們的理想世界的：

大道之行也，天下為公。選賢與能，講信修睦。故人不獨親其親，不獨子其子，使老有所終，壯有所用，幼有所長，矜寡孤獨廢疾者，皆有所養。

親其親，子其子，就是墨子的所謂別。「不獨親其親，不獨子其子」，就是兼，儒家這個「天下為公」的世界，就是一個以兼易別的兼愛世界。兼愛並不是墨子獨有的理論，儒家便是以兼愛的天下為他們至高的理想。

或曰，儒家強調君臣父子之別，教誨人民要素位而行，孔子對「季氏八佾舞於庭」，「三家者以雍徹」，認為家臣行天子之禮，大表不滿，認為「此可忍孰不可忍」，不是清楚地顯示儒家思想對當時社會階級分別的強烈支持嗎？③又怎能說他們和墨家一樣以兼愛大同的世界為鵠的？

儒家和墨家的不同不是目的不一樣，而是儒家明白大同兼愛的目的不是一蹴即就，有一條漫長的路要走。在實現這個理想的途中需要維持一種合理的別，就是達到了目的，建成了大同世界，也還是要繼續維持一個有別的秩序。儒家所強調的別，就是他們認為通往大同（也就是兼愛）社會的路，大同世界裏面必須保

③「八佾舞於庭」和「三家（指魯大夫仲孫，叔孫，季孫）者以雍徹」皆見於《論語・八佾》佾是古代的一種樂舞。舞者分行（佾），每佾八人，列成方陣，也就是八行，稱為八佾，那只有天子才可以用；諸侯只能用六佾，六行每行六人；大夫四佾；普通士人二佾。雍樂是天子祭禮完畢後，撤回祭器時所奏的音樂，諸侯、大夫都不能用。季氏、三家只是大夫階級，用上天子的舞蹈和祭樂是僭越非禮，所以孔子大不以為然。

持的秩序。為甚麼達到兼愛必須維持一種別，下面一段《孟子》解釋得很清楚：

不仁哉，梁惠王也。仁者以其所愛及其所不愛。不仁者以其所不愛及其所愛。《孟子・盡心下》

以其所愛及其所不愛（對待自己不喜歡的人如同所喜歡的）是仁；但以其所不愛及其所愛（對待自己喜歡的人如同所不喜歡的）卻是不仁。然而，兩者都是兼：對所愛和所不愛，都是無分彼此地同等看待。為甚麼儒家以前者為仁，而以後者為不仁呢？因為儒家認為兼，需要有個標準，必須朝着那個標準兼。朝着標準往「上」兼是仁；離開標準往「下」兼是不仁。「老吾之老」是標準。孟子說：「老吾老以及人之老」（〈梁惠王上〉），老人之老如同吾老是向上兼，是要鼓勵的兼；老吾老如同人之老便是往下兼，是必須避免的兼。在還未達到大同世界之先，吾老和人之老是有別的，這個分別是上下不同的，怎樣看待吾老，便是怎樣看待人之老所要上兼的標準了。沒有這個別，兼便沒有標準、方向了。

舉個現代的例：上世紀六十年代，香港教師爭取男女同工同酬，要是政府把所有男教師的薪酬減至和女教師的一樣，我看沒有人會接受這個解決方案，雖然這的確達到了「同」工「同」酬的目的。為甚麼？因為爭取平等儘人皆知有個不必說明的前設，那就是必須向上同，不是向下同。孟子認為：「墨氏兼愛，是無父也」（〈滕文公下〉），便是針對墨子兼愛沒有方向、沒有標準的批評。「父」是儒家對待老人的標準。墨子無父，沒有提出朝甚麼方向兼，和甚麼標準同，跟從者便無所措手了。

除了兼需要有一個標準，一個方向以外，社會對待工作不同，崗位有異的人也必須有別。有些工作是繁重的，要求比其他工作高，如果對待他們跟其他的人無異，那便難以吸引願意從事這種工作的人了。用一句廣東俗語：「做又三十六，唔做又三十六」，報酬無別，待遇一樣，那又有誰還願意去做辛苦的工作呢？這一點，其實墨子是明白的。他反對，視為不公的是：無故富貴，強調的是「無故」。他說：

> 眾賢之術將奈何哉？……有賢良之士，厚乎德行，辯乎言談，博乎道術者……必且富之貴之，敬之譽之，然後國之賢良之士，亦將可得而眾也。……
> 〈尚賢上〉

國家的「賢良」之士，必須「富之貴之，敬之譽之」，以「賢良」為「富貴」的條件。換言之，賢良之士的富貴，並不是無故的。執政的必須給予賢良的人特別的待遇，不能和其他人一樣，然後才能孕育更多賢良之士，棟樑之材。這就是「別」了。這種別，墨子「兼愛」的理論沒有照顧到。荀子批評他：「不知壹天下建國家之權稱，（不明白建立一個大一統國家需要考慮的各種因素）……僈差等（輕視了別），」（〈非十二子〉）就是針對墨子理論這方面的缺陷，真是一語中的。

墨家和儒家對兼愛看法的不同，就是墨家把兼愛，一個沒有人會反對的理想，作為他們社會行動的口號，鼓動、號召羣眾支持、跟從、參與。一個行動口號，就像廣告，要簡單，煽情，讓羣眾容易了解，抓得住大眾的同情，並不需要詳細解釋。儒家卻是把兼愛看成他們哲學思想的終極目的。一個思想要站得住腳，必須條理明暢，脈絡分明，重要環節闡釋得清清楚楚，讓大眾明白它立論的基礎，掌握到它推論的理據。儒墨最大的分別就是在這一點。墨家能風靡一時，卻不像儒家能流傳千載不衰，也是因為這一點。

尚賢

墨子另一個重要的立論是尚賢。墨子認為當時為政的王公大人無不希望國家富強，人民眾多，然而事與願違，他們的國家不富而貧，人民不眾而寡。原因是甚麼呢？是因為他們「不能以尚賢事能為政也。」〈尚賢上〉，不懂得任用有才幹的人處理政事。他指斥當時的王公大人如果馬有病，懂得延聘良醫診治；壞了弓，知道尋找良工修理，可是為政的時候，雖然深知他們無德無能，還是一味任用同階級的世襲王侯貴胄（無故富貴），自己骨肉之親，或自己所暱愛（面目美好）的人，而不肯信賴賢能之士。他說：

> 王公大人有一罷馬不能治，必索良醫；有一危弓不能張，必索良工。……逮至其國家則不然。王公大人骨肉之親，無故富貴，面目美好者，則舉之。〈尚賢下〉

他認為為政，應該和解決其他問題一樣，任用賢能：

> 古者聖王之為政也，……不義不富，不義不貴，不義不親，不義不近。……列德而尚賢，雖在農與工肆之人，有能則舉之，高予之爵，重予之祿，任之以事，斷予之令。……故官無常貴，而民無終賤。〈尚賢上〉

他的結論是：「尚賢者，天鬼百姓之利，而政事之本也。」〈尚賢下〉

墨子尚賢的理論最突出、最吸引當時的人民，也是搞運動的時候，最能激動羣眾的口號，便是：「官無常貴，民無終賤」這兩句話。社會階級不能凝固不動，權力集中在少數的王侯家族，必須要開放、有流動性，給予所有的人上進的機會。墨子認為個人的才能，也就是「賢」，應該是社會所有進升和退墜的條件。就是處身當時社會低下階層的農人、勞工、庶民，只要是賢，有才能，便應該「高予之爵，重予之祿」，擢升為領導階層。

可是尚賢的理論也不是墨子所獨有，而是諸家的共識。別的不說，就是上引的〈禮運・大同〉，雖然沒有強調「官無常貴，民無終賤」，但已經很清楚地說到天下為公的社會是「選賢與能，講信修睦」，「選賢」便是尚賢。讓賢者，無分貴賤，都有進升、用之於世的機會。

然而，賢是有不同等級、層次的，各層次「尚」（選）的方法亦不同。

《墨子・尚同下》：

天（舊作「天下」，今據孫詒讓《墨子閒詁》改）之欲一同天下之義也，是故選擇賢者立為天子。天子以其知力為未足獨治天下，是以選擇其次，立為三公。

三公又以其知力為未足獨左右天子也，是以分國建諸侯。諸侯又……選擇其次，立為卿之宰……卿之宰……選擇其次立而為鄉長家君。天子又總天下之義以尚同於天。④

政府的組織根據墨子是上級選下級：天子選三公，三公選諸侯，諸侯選卿宰……。下級完全認同上級的意志，也就是尚（上）同，遞級而上，最終尚同於天子。天子之位至為重要。

墨子說：

古者聖王，制為節用之法曰：「凡天下羣百工，輪車、鞼匏、陶、冶、梓匠，使各從事其所能。」曰：「凡足以奉給民用則止。」諸加費不加于民利者，聖王弗為。《墨子・節用中》

---

④ 墨子尚同的意思是向上齊。「尚」通「上」。墨子以天為最上，是一切的最高標準。天子是天之下，人間世的至上。天子之下的眾民都要向天子齊，而天子率向天齊。

百工各從其事以利人民，並不表示可以任由百工自由發揮，百工之上必須有聖王、君子籌劃、管理（制成節用之法）才能夠成功。負責籌劃，使百工能各從其事的聖王，這位最重要的賢者，就是天子。天子是怎樣產生的呢？根據〈尚同下〉引文：「天之欲一同天下之義也，是故選擇賢者立為天子」，是天選擇，天任命的。天子受命於天這個看法，有稱之為天命論。天命論並不是墨家始創的，是周初立國時所提出的觀念，儒家也接受天命論，相信執政者是受命於天的。（下面將有更詳細的討論）

非命和天子的產生

然而，墨子思想中有一個重要的、不少人認為在當時相當進步的理念：非命。《墨子・非命上》：

執有命者之言曰：「命富則富，命貧則貧，……命治則治，命亂則亂，……命雖強勁何益哉！上以說⑤王公大人之聽治，下以駔百姓之從事。故執有命者不仁。

墨子認為「命」會使在上位的人辦事疏怠，也阻礙了在下位的人的聽令服從，並不是好事。非命說，是否和〈尚同下〉：「天……選擇賢者立為天子」的天命觀有矛盾呢？

漢語的「命」字，有兩個不同、容易被混淆的意思。第一個意義是「運氣」，另一個意義，用作動詞，解為「命令」；用作名詞，是「所授予的責任」的意思。「天命」就是「天賦的責任」。運氣是無需受命者任何努力，自然會發生的；後者，受命者只是被賦予一個責任。「知天命」，只是知道天賦的責任是甚麼，知道了以後，受命者還是要下工夫方能完成天所付的責任的。中六合彩，中者不必努力，自然中彩，那是前者；孔子知天命，明白上天要他負起繼承、光大傳統的責任，那是後者。孔子雖然知道，也接受天命，但任重道遠，他還得努力才能完成這個天賦的使命。

「命富則富……命治則治，命亂則亂，」（〈非命上〉）所非之命，是上述的前者：命運之命。天命觀的「命」指的是天賦的責任，是上述的後者，並非墨子所

⑤ 據張純一《墨子集解》：「説」或作「税」。《史記・李斯傳》：「吾未知所税駕」。《索隱》：「税駕」猶「解駕」，言休息也。這裏當「鬆懈」解。

反對（非）的命。

天命觀說的是：天子的職責是天所賦予的。受了天命，被天選上，還是要靠一己的才能、毅力，不是靠運氣方能完成。〈非命下〉：「昔者禹湯文武方為政天下之時，曰：『必使飢者得食，寒者得衣，勞者得息，亂者得治』，遂得光譽令問於天下，夫豈可以為其命哉？故以為其力也。」古之聖王得了天命，還要靠「力」：品德、才幹，去完成的。明白了「命」這兩個不同的意義，墨子雖然有非命的言論，但是對於誰當天子，仍然可接受天命論為答案。

天選擇誰當天子有沒有標準？甚麼標準？墨家和儒家都認為「天命」是有標準的，墨家以賢，儒家以德為天選擇的標準。「賢」和「德」在這裏是同義詞，指的是才能、品格。天子的賢或德，究竟是天縱之資，生出來就是這樣，不能求的，抑或是學而能致，可以後天培育的呢？對這個問題儒家有明確的答案，而墨家卻是含糊不清。

天子受命於天，是周朝立國的時候提出來的觀念。他們解釋他們姬姓一族得以成為天子是受天之命，而他們所以得授天命，並非「無故富貴」，而是他們的德配得天命，配得天子之位。與此同時，他們又提出了「天命靡常」：天命不是永恆不變的理論。天命怎樣變？是根據執政者之德而變的。今日，天授命周文王為天子，並不表示姬姓子孫便可以世世代代永為天子。要繼續維持天子的地位，周公在《尚書・君奭》告誡子弟：不能倚賴天。殷朝就是被天取回了天命而轉授予周的。將來，天也同樣可以從周取回天命，授予有天子之德的他姓、他族。要維持天子之位，不讓天移命於他人：「我道惟寧王（也就是文王）德延，天不庸釋于文王受命」，周人的子孫就要保持像祖宗文王一樣，配得上天子之位的德行，這樣天就不能撤回他授予文王治理中國之命了。有了「天命靡常」、「修德配命」這兩個觀念，受命於天便不是只有宗教的意義，而是兼有道德的意義了。天授命不是任憑天一己之意，而是必須授予有可配之德的人。天命是可以求的。

曹交問孟子：「人皆可以為堯舜，有諸？」孟子回答：「然。」曹交再問：「如何則可？」孟子說：「為之而已矣。」（《孟子・告子下》）

堯舜是得天命的聖王，儒家既然相信人人皆可以為堯舜，也就表示人人皆可以修德以待天命，登上天子之位，只要修德配天，那天便不庸不授以天命了。不只天子之位，《詩經・大雅・文王》說：「聿修厥德，永言配命，自求多福」，甚麼福樂都是可以靠修德自求的。

儒家不只相信人皆可以為堯舜，只要「為之而已矣」，他們還提出了一套怎樣為之的方法。在上引〈告子下〉曹交問孟子的同一則，孟子說：「堯舜之道，孝悌而已矣。」《論語》三番四次記述：「君子務本，本立而道生。孝悌也者，其為仁之本歟！」（〈學而〉）「弟子入則孝，出則弟。謹而信，汎愛眾而親仁，行有餘力則以學文。」（〈學而〉）「興於詩，立於禮，成於樂。」（〈泰伯〉）處處指出孝悌、禮樂，就是儒家培育督導百工成其事的君子、賢人、聖王的方法。天選擇天子的標準：賢與德，在儒家眼中並不是天縱之資，而是學而能致的。一個人如果修得聖王之德，天便不得不予之以命（不庸釋「他得的」命了）。受天命完全和人所不能控制的命運無關。

較諸儒家，墨子對「賢」、「力」究竟是天縱之資，抑後天學而能致的，便沒有清晰的答案；對人是否皆可以「聿修厥德，永言配命」，追求天授命為天子，也是語焉不詳。如果聖王之賢與力，是天賦而不是學致的，誰當天子決定於天賦的能力、品德，那依然不是人所能控制，而是命（運氣）決定的。〈尚同下〉：「天……選擇賢者立為天子」和墨子的非命論也便有矛盾了。

「利」的觀念

墨家和儒家最不同，甚至可以說是相反的是：墨家對禮的態度。《墨子》書中雖然沒有任何一章以〈非禮〉為題，但從書中〈節喪〉、〈非樂〉的篇目，以及

〈非儒下〉篇批評儒家「繁飾禮樂以淫人」可以看出墨家是強烈反對儒家所重視的禮的。

墨子說：「聖王制為節用之法……使（天下羣百工）各從事其所能」。聖王所制之法的內容是甚麼呢？君子治國之道是甚麼呢？這方面，儒家說得十分清楚是禮樂。禮樂不單是修身之道，也是督導百工，治理天下之道。從下面三則《論語》可見：

> 道之以德，齊之以禮，（民）有恥且格。〈為政〉
>
> 禮樂不興，則刑罰不中；刑罰不中，則民無所措手足。〈子路〉
>
> 知及之，仁能守之，莊以蒞之，動之不以禮，未善也。〈衛靈公〉

墨子反禮樂，在他看來聖王所制之法、治國之道，只有一個原則：「利人」，對人民有利。任何不能增加人民的利益的都是浪費，都要禁制、避免。而人民的利益就只是限於和具體生活有關的衣食住行：

> 民有三患：飢者不得食；寒者不得衣；勞者不得息。〈非樂上〉

墨子非樂、節喪，反對儒家的禮，都是從這個對「利」狹隘的解釋出發。我們看看他非樂的理由，以見一斑。

在〈非樂上〉，他問：

今有……強刦弱、眾暴寡、詐欺愚、貴傲賤、寇亂盜賊並興，不可禁止也。然則當即為之撞巨鐘，擊鳴鼓，彈琴瑟，吹竽笙而揚干戚。天下之亂也將安可得而治與？

社會上的暴力、欺詐、盜賊橫行，是否可以用音樂解決呢？敲鐘擊鼓，吹瑟彈琴，是不是可以減少暴行，平息動亂呢？在墨子看來，答案是否定的。不只如此，音樂如果要奏得好，樂師不能年紀太大，視覺、聽覺退化，行動遲緩；必須手腳靈活，耳目聰明，正值盛年的人。墨子認為應該讓這些人致力生產，消除民之三患，用他們來奏不能為民除患的音樂，就男的而言，「廢丈夫耕稼樹藝之時」；就女的而論，「廢婦人紡績織紝之事」，便是浪費，「虧奪民衣食之財……是故子墨子曰：『為樂非也。』」（〈非樂上〉）

墨子的非樂是基於經濟效益的立場，他認為聖王治國利民之道應該只以經濟效益，能否解決民之三患，為唯一的量尺。

然而，墨子的理論和他在他處所寫的自相矛盾。墨子是相信鬼神的，他雖然反對浪費的禮儀，提出節喪，但對於「為酒醴粢盛，以敬慎祭祀」〈明鬼下〉卻不反對。固然，他既然相信神鬼的存在，自然不會以祭祀為浪費。但就是沒有神鬼，絜為酒醴粢盛，以敬慎祭祀，墨子也認為並非浪費。他的理由是：

若使鬼神請（同誠）亡，是乃費其所為酒醴粢盛之財耳。自夫費之，非直注之汙壑而棄之也。內者宗族，外者鄉里，皆得如具飲食之。雖使鬼神請（同誠）亡，此猶可以合驩聚眾，取親於鄉里。〈明鬼下〉

墨子認為就是沒有鬼神，祭祀的飲料食品，親戚朋友一同享用，歡喜快樂，聯絡感情，依然是有利的。這裏墨子似乎承認除了具體、衣食住行的利之外，聯絡感情，鄉里共樂，也是一種利。沒有人能夠反對音樂也可以聯絡感情，鄉里共樂，墨子又何故非樂，以為無利於民，大力反對呢？

除了具體的衣食住行以外，美善的品格：恭敬、禮讓、公平、忍耐……等，也是理想社會所不可少的。固然，有人會說：「衣食足，而後知榮辱」，具體生活條件是最重要的。這並不盡然。人知道榮辱以後，往往便寧願受凍餒之苦，甚至丟掉生命，也不肯忍辱偷生。可見知道榮辱後，具體的生活條件，墨子之所謂利，不少人便都視為次要了。禮樂，儒家視之為培養人品德的方法。墨子視之為浪費，但卻沒有提出如何另外培養品德的方法，一就是他看不到品德的重要性；一就是他的思想未夠周詳，只有破，未能立。墨子兼愛、尚賢的理論很好，但在諸子學說中，並不是他所獨有的，而且對這些理論的討論，往往不及其他諸子的周詳、縝密。譬如，甚麼是「兼」，怎樣兼，他說得不詳細；怎樣培育賢人，怎樣任用賢人，也考慮得未夠周密。墨家唯一比較詳細的正面理論就是利人，而甚麼是「利」，他的解釋只是局限於具體、物質的利，完全忽略了品德、精神方面的利。就是只談具體的利，有些地方還是未能自圓其說，這便是墨家的弱點。

未能傳流久遠的理由

《墨子・耕柱》：

葉公子高問政於仲尼，曰：「善為政者若之何？」仲尼對曰：「善為政者，遠者近之，而舊者新之。」子墨子聞之曰：「葉公子高未得其問也；仲尼亦未得其所以對也。葉公子高豈不知善為政者之遠者近之，而舊者新之哉？問所以為之若之何也。不以人之所不知告人，而以所知告之。故葉公子高未得其問也；仲尼亦未得其所以對也。

墨子認為在葉公問政於孔子這個故事裏面，問的問得不好，答的也答得不好。因為甚麼是善政，甚麼是為政的理想（若之何），當時盡人皆知是：遠者近之，舊者新之。不用問。孔子也不該告訴葉公這盡人皆知的答案，應該告訴葉公他所未知的：就是怎樣行（所以為之）才可以使「遠者近，舊者新。」〈耕柱〉這個批評其實恰恰適用於墨子自己。他的兼愛、尚賢、尚同，都是大同社會的理想，顛簸不滅的道理，盡人皆知的若之何。人所未知的是怎樣才能達到一個兼愛、尚賢、尚同的社會，（所以為之若之何）。這方面，墨子卻說得很少，甚至付諸闕如，不像儒家，對如何達到大同世界有詳細的論述（見後面儒家的故事）。也許墨家在當時致力的只是指出時弊，激盪民情，推動改革社會的羣眾運動。從他四處奔走，阻止諸侯國間的相互攻伐；他的弟子濟飢扶貧，盡力為人民解決三患可見。他並不是要建立一個體大思精、結構精嚴的思想體系。《淮南子・泰族訓》描述儒墨兩家的成就說：

孔子弟子七十，養徒三千人，皆入孝出悌，言為文章，行為儀表，教之所成也。墨子服役者百八十人，皆可使赴火蹈刃，死不還踵，化之所致也。

儒家着眼的是教育、塑造人的品德個性，目的是長遠的；墨子強調行動，吸引肯為他們的信念出生入死、赴湯蹈火而無悔的徒眾，解決當前世界的疾苦、不公。因為不同的目標，從成一家之説的角度去批評，墨家較諸儒家，便未免有所不及了。

法家的故事

勢法術：時不我與，只爭朝夕的治國手段

春秋戰國是一個戰伐頻仍的年代。從東周初年數以百計的諸侯國減到戰國末年的十多二十個便可揣測得到。諸侯國數目的減少就是弱肉強食、兼併侵吞的結果。把弱小的諸侯國吞併入自己的版圖，絕大多數都不是通過和平協商，而是恃勢淩人暴力的掠奪、征服。東周三、四百多年間大大小小的戰爭數目於此可以想見。東周時期的中國已經是一個以農業為主的社會。農業社會安土重遷，就是短期的擾亂如果發生得不合時，比如發生在春天播種、秋天收割那短暫的一兩個月，農民整年的勞力便都付諸流水。東周社會如此動盪，以農為生的一般百姓生活的困苦，自不待言了。墨家思想盛極一時便是因為他們敢當一般老百姓的喉舌，指出社會的不公，譴責當權者，更身體力行，反戰濟貧，減輕人民的苦難。墨家欠缺的是一套周詳慎密的理論架構。

侵吞兼併帶來的災禍不只是擾亂了農業生產的正常運作，影響百姓的生計。在社會管治、秩序方面也引發了很多問題。周朝初年的諸侯國，大的和現在一個城鎮相若，小的就只不過是個大莊園。統治階層，從上到下，往往便只是一個家

族的成員。因為地域細小，人口不多，也不必有甚麼寫下來的法規，只是依循傳統習慣，或人言為信，社會便可以有秩序地正常運作。然而，兼併產生的諸侯國，再不是小國寡民了。假設一個本來一千人、佔地千畝的小國，統治的家族成員百人，兼吞了鄰近同樣大小的四個小國，新的大國便有五千人口、五千畝地，然而，統治階層仍然只是原來的一百人。本來統治者和被統治者的比率是一比九，一時劇增至一比四十九，統治者要管理的地區也五倍於從前，人民的成分、文化背景、生活習慣，也比前複雜得多。《商君書．開塞》：

> 天地設而民生之，當此之時也，……其道親親而愛私。親親則別，愛私則險。民眾而以別險為務，則民亂。

當人口和版圖都大幅增加的時候，統治者的工作量和管治能力的要求也相應地提高。小國寡民時靠家族成員、傳統習慣的管治方法便不能應付，要不改變，便生亂了。東周年間社會的動亂很多便是因為兼併所產生地廣民多的大國，管治方式未能作出適當的改變配合而出現的。法家的思想是針對當時管治混亂無方而提出的。

親貴與智法之士

不像寡民的小國，東周末葉透過侵吞兼併出現的大國，無論從質的角度，抑或量的角度看去，統治者再不能單靠家族成員管理政事。就質而言，容易明白，小國寡民，政事不太繁複，一般才幹，大抵都能應付，既是一般，家族裏面可以找得到。然而，有管理大國政治智慧才能的人，便未必在一個家族裏面找得到。且舉一個例：開一爿只有三、四張桌子的小雲吞麪店，要找一個自己的家庭成員管理不難，可是開有六、七爿分舖的雲吞麪店，只在自己家庭成員中找合適的經理便已經不容易了，如果規模大似麥當勞的連鎖麪店，就更是難能之事。因此，東周末有意逐鹿中原的諸侯，往往便要在家族之外找尋賢能之士來幫助他們治理國家。春秋戰國時期的名相，譬如助齊桓公九合諸侯，一匡天下，成為五霸之首的管仲；秦穆公以五塊羊皮買來、把僻處西陲的秦國帶上富強之路的百里奚，便是齊秦統治家族之外，出身庶人階級的賢者。從量而言，國家大，中下層的官吏自然也多了起來。這些官吏雖然不必有經世大才，但需要的數量大，不是單靠家族成員可以滿足。以常理測之，中央政府裏面的中層，以及地方的官吏，不是統治家族的成員，庶人出身的應該為數不少。只不過因為他們不是位據要津，所以名不見史籍，後人無從得知而已。

起用非家族成員參與管治，在春秋戰國前，雖然並不是沒有前例，但像春秋戰國時那麼常見，數量那麼大，在當時是個極大的改革。那些「無故富貴」，因世襲而居重位的皇親國戚，既得利益的圈內親貴，感到自己的地位、權益受到外來者的威脅，心生忌恨，反擊抗爭乃是自然不過的事。就是社會一般平民百姓，習慣了幾百年來的階級社會，對庶人出任高職，妒忌也好，保守也好，無知也好，往往也有非議。商鞅助秦孝公變法，「五年，秦人富強，天子致胙於孝公，諸侯畢賀」[1]，恢復穆公時的霸業，不出百年，五傳至始皇，卒滅六國，一統天下，本來應記首功。然而，結果卻是身為車裂，家族覆亡。雖然說商鞅為人刻薄寡恩，但「商君相秦十年，宗室貴戚多怨望者」[2]，應該還是最大的原因。和商鞅同期，其他非圈內親貴出身參與政事的「賢者」所遭遇的正面，或背後的阻撓之大，批評中傷之多，是不難想見的。就是最著名、最受時人尊重的管仲，在《論語》屢屢看到孔子討論他是否知禮，是否仁者，便可以知道社會對他有很多的批評閒話。韓非子洞察這個情況，所以他說：

智法之士（上面所謂親貴之外的賢者）與當塗之人（權貴親信）（有）不可兩存之仇也。[3]

而智法之士和當塗之人相較，前者有五不勝之勢，後者卻乘五勝之資，兼且因為是君主的朋戚，能夠「旦暮獨說於〔人主〕前」，所以智法之士，如果得不到君主的保護，「不僇於吏誅，必死於私劍。」④

明白了春秋戰國時代管治階層因為大勢所趨不得不開放，新進的賢能之士跟舊有的親貴中間的張力和鬥爭，我們便可以開始敍述法家的故事了。

慎子言勢

一般論者因應所強調的不同重點把法家分成三派：一重勢，一重法，一重術。重勢者以慎到（公元前三九五年至前三一五年）為主，重法者以商鞅（公元前三九〇年至前三三八年）為宗，而申不害（公元前四〇〇年至前三三七年）則重術。韓非（公元前二八一年至前二三三年）集三派之大成，是為法家中最重要

①《史記・商君列傳》。
②同上。
③《韓非子・孤憤》。
④同上。所謂五不勝和五勝：疏遠與近愛信爭；新旅與習故爭；以反主意與同好爭；以輕賤與貴重爭；以一口與一國爭，前者（智法之士）其數皆不勝也。

的人物。

《漢書・藝文志》法家之下列有《慎子》四十二篇，今存七篇，根據羅根澤的考證：「書雖非偽，而斷簡殘篇，亦非秦漢舊觀」⑤。慎子有關勢的理論，今存資料不多，以韓非子在〈難勢〉⑥所引的一段說得比較清楚、詳細：

慎子曰：「飛龍乘雲，騰蛇遊霧，雲罷霧霽，而龍蛇與螾螘同矣，則失其所乘也。賢人而詘於不肖者，則權輕位卑也；不肖而能服於賢者，則權重位尊也。……夫弩弱而矢高者，激於風也。身不肖而令行者，得助於眾也。堯教於隸屬而民不聽，至於南面而王天下，令則行，禁則止。由此觀之，賢智未足以服眾，而勢位足以缶賢者也。」

龍蛇之可以飛騰因為有可乘駕的雲霧，如果沒有雲霧，牠們便和蚯蚓、螞蟻一樣，只能伏地而行。賢者之所以能夠管治羣眾是因為他有名位（勢），例如宰相、將軍、郡守、縣官……等等。沒有名位，沒有勢，賢者就不過是個老百姓，不能發號施令，使民眾服從。勢之於賢者的管治，就如雲霧之於龍蛇的飛騰。

從上述韓非引文所看到慎子的理論有很多需要進一步討論的問題。首先，先秦諸子「以此馳說，取合諸侯」⑦（他們周遊列國，遊說諸侯），理論的對象受眾應該是諸侯，當時社會政治的領袖、影響力較大的君子。而這些位居上流的君子已經是有權勢的人，慎子和他們談勢，在當時有甚麼嶄新、精闢的地方，值得讓他躋身諸子之列，甚至被尊為法家裏面最重要的三、四位人物之一呢？

其次，慎子有沒有過分強調了勢的重要？固然「堯教於隸屬而民不聽」，如果堯只是一介匹夫，他難以「令則行，禁則止」，可是正如〈難勢〉篇裏面詰難慎子的人指出：

桀紂南面而王天下，以天子之威為之雲霧，而天下不免乎大亂者，桀紂之材薄也。……夫勢者，……賢者用之則天下治，不肖者用之則天下亂。

⑤ 羅根澤，〈慎懋賞本《慎子》辨偽〉，《燕京學報》，第六期。

⑥「難」有詰難、質問之意，〈難勢〉這個篇題很容易叫人誤會是韓非質疑慎子重勢理論的篇章。其實篇內，韓非是站在慎子的一方，替慎子向質難重勢的人辯解。〈難勢〉在這裏的意思是〈有關「勢」的論辯〉。

⑦《漢書・藝文志・諸子略》。

勢只不過是一種工具，管治成功與否還是靠管治者的才能，是否懂得善用所有工具。所以反對者接着說：

夫良馬固車，使臧獲御之則為人笑，王良御之而日取千里。⑧車馬非異也，或至乎千里，或為人笑，則巧拙相去遠矣。今以國位為車，以勢為馬，以號令為轡，以刑罰為鞭筴，使堯舜御之則天下治；桀紂御之則天下亂，則賢不肖相去遠矣。……夫堯舜亦治民之王良也。

同一匹馬，同是駕車人，技術高的如王良便日行千里，技術差的只是給人訕笑，可見重要的是才能，不是勢位。韓非在〈難勢〉，就上述兩個問題替慎子辯解時，提出了「設」和「中」兩個概念。

「設」和「中」

我們先討論「設」這個概念。韓非提出「設」是解答上面的第一個問題。

勢必於自然，則無為言於勢矣。吾所為言勢者，言人之所設也。《韓非·難勢》

「設」的意思是「人為的」。春秋戰國的時候，社會階級分明，王侯貴胄是世襲的，在當時的人看來，他們的名位是自然而有的。但像本章開始的時候所說，因兼併侵吞而出現的大國，它們的君主不能不在自己家族成員之外尋找賢者幫助他們治理國家。這些賢者往往出身庶民階級，他們擢升卿相，階級名位便不是「世襲」的自然，而是韓非所謂「設」，人為的。慎子重勢的理論，就是為這些新設的階級而說的。他的重點是，當諸侯起用庶士幫助他們治國的時候，必定要賦予他們相應的勢。因為「賢智未足以服眾，而勢位足以缶賢者」。這些新擢升的賢能之士，單靠他們的才幹未必便能服眾，特別是本來已經有勢力的王公貴胄，必須有勢位輔助、保護（缶）方能運作順暢。這一點在今日看來自然不過，但在當時卻往往是新設賢者成敗的關鍵。史載孫武為吳王闔廬試以宮中百八美女操練，

> 約束既布，乃設鈇鉞，即三令五申之，於是鼓之右，婦人大笑。孫子……復三令五申而鼓之左，婦人復大笑。孫子曰：「……既已明（申令）而不如法者，吏士之罪也。」乃欲斬左右隊長。吳王從臺上觀，見且斬愛姬，大

⑧「臧獲」一般奴婢的通稱；「王良」晉國駕御馬車的能手。

駭。……下令曰：「……寡人非此二姬，食不甘味，願勿斬也。」孫子曰：「……將在軍，君命有所不受。」遂斬隊長二人以徇。《史記・孫子吳起列傳》

在這裏孫武所要爭取的就是，如果君主起用他為將，必須賦予他相應的權勢。假若君主私人的好惡、近親、暱愛，都可以隨意漠視、改變，限制在位賢者的勢，事便難成了。倘使讓吳王愛寵的姬妾，對將軍的命令可以笑而不從，此例一開，其他和吳王有特殊關係的，爭相效尤，孫武便難以為將了。在東周的歷史，很多新晉庶人和貴胄元老間的爭鬬，被擢升的庶人往往便因為只有官銜，沒有相應的權勢，處處受到掣肘，一事難成，甚至命喪家亡。當子路問孔子：「衛君待子而為政，子將奚先？」孔子回答：「必也正名乎？」《論語・子路》孔子為甚麼把「正名」看得這樣重要呢？就是因為他看到當時不少官吏，名實不副，沒有得到他們官職應得的權力，因此甚麼事都辦不成。所以他把正名，也就是職銜和應有的權力相稱，視為有效治理國家的首要條件。慎子重勢也是針對同一的問題，在當時正在蛻變、庶人晉身領導層越來越多的社會，他提醒君主勢的重要，特別對於新「設」官吏，是很有見地的。

「中」又是怎樣的一個觀念呢？「中」是為了回答上面的第二個問題。

世之治者不絕於中，吾所以為言勢者，中也。中者，上不及堯舜，而下亦不為桀紂，抱法處勢則治，背法去勢則亂。……夫良馬固車，五十里而一置，使中手御之，追速致遠，可以及也，而千里可日致也，何必待古之王良乎？且御非使王良也，則必使臧獲敗之，治非使堯舜也，則必使桀紂亂之，此味非飴蜜也，必苦菜亭歷也。此則積辯累辭，離理失術，兩末之議也，奚可以難夫道理之言哉！《韓非子・難勢》

韓非子提出的「中」是「資質一般」、「才能普通」的意思。歷史上大多數執政者都是中人之資，智慧才能一般，比上不足，比下有餘。天縱之資如堯舜，生而愚暴像桀紂的並不常見。對賢愚、仁暴的極端，如堯、舜、桀、紂等人物，勢的作用固然不大。從桀紂雖然有勢，國家仍然一團糟可見。然而執政、掌權的，如人間百味，不是一就如蜂蜜之甜，一就如黃連之苦，只有兩個極端，大部分是處於兩極之間的。慎子重勢之說並不是為一些千載一遇的極端人物，而是為大多數中人之資的當政者。這些才幹一般，只是中人之資的官吏如果有勢可倚，有法可循，政清人和，是可以達到的。以堯、舜、桀、紂這些處於仁主暴君兩極（兩末）的人物為反證，詰難慎子的重勢是「離理失術」、難以服眾的。

慎子重勢的思想，加上了韓非「設」和「中」兩個概念的補充，便堅實得多了。重勢成為法家理論重要的一環也可以明白了。

商鞅的法

法家，顧名思義，最重要的理論、中心思想是法。上述〈難勢〉的引文說：「抱法處勢則治，背法去勢則亂」，很清楚表示除了勢以外還必須有法。重勢只是相對於才幹而言，是說官吏，特別是中人之資的官吏，勢比他的才幹重要，並不是相對於法而言的。勢和法是無分彼此，相輔相成，同為必要，缺一不可的。「處勢」必須同時「抱法」才可以治，否則仍然可以見亂。

東周前，中國還是小國寡民的社會。每個諸侯國並沒有明確頒布的法則，都是依從一貫的習慣行事。大部分人民都是務農為業，安土重遷，流動性不大，對於世代所定居一地的人民，社會運作的規條已經十分熟悉，沒有需要把法著於典籍。再用前面的例子，一爿小雲吞麵店，店員不是自己人便是服務多年的雇員，也便無需甚麼寫下來的運作規條了。然而發展成為大規模的連鎖店，有新經理，新店員，要營運順暢，便不能沒有見諸文字的守則。春秋戰國時兼併侵吞的結果，諸侯國再不是小國寡民的社會，領導層也往往多次易主，再加上戰亂頻仍，百姓被迫離開世代定居之所，遷徙流離，君民之間的關係、原來的習慣、規條都全然更變，面目全非，就像小舖發展成大連鎖店，沒有寫下來可以核證的法例，黎民百姓往往便有無所措手足之感。韓非在〈定法〉批評申不害：

申不害。韓昭侯之佐也。韓者，晉之別國也。晉之故法未息，而韓之新法又生；先君之令未收，而後君之令又下。申不害不擅其法，不一其憲令則姦多，故利在故法前令則道之，利在新法後令則道之。利在故新相反，前後相悖。則申不害十使昭侯用術，而姦臣猶有所譎其辭矣。

很清楚地描述出當時社會秩序所以混亂的主要原因：國家統治層更替頻繁，法紀也隨之而變換，「故法未息，新法又生」，人民無所適從，糾正的方法就是一（統一）其憲令，法有常規。《左傳・昭公六年》記載：「三月，鄭人鑄刑書。（杜注：鑄刑書於鼎，以為國之常法）」⑨ 這就是歷史上著名子產（出生年日不詳，卒公元前五二二年，姬姓，國氏，名僑，子產是他的字。春秋時鄭國的名相）

⑨「杜」指魏晉時的杜預（公元後二二二年至二八五年）。

鑄刑鼎之事。子產鑄鼎目的便是要一憲令，常法規，避免社會混亂。

法，首要之事，便是必須一。不能故法未息，新法又生，故新相反，前後相悖。《管子·七法》：「尺寸也、繩墨也、規矩也、衡石也、斗斛也、角量也，謂之法。」法家把法看成像度量衡的準則一樣。尺寸、斗斛、衡石是量度長短、大小、輕重的標準，法律是判斷是非行為的準則。如果尺寸、斗斛、衡石不劃一，有多個不同的標準，那麼日常的交易都不能進行，法不齊一，也便難以評決是非曲直了。

管子用繩墨、規矩、衡石來比喻法家的法，《禮記·經解》：「禮之於正國（統一的帝國，不是諸侯小國）也：猶衡之於輕重也，繩墨之於曲直也，規矩之於方圓也」卻以繩墨、規矩、衡石比諸禮，用的比喻完全一樣。法家的法和儒家的禮究竟有沒有分別？分別在甚麼地方呢？二千多年來儒法的爭論為的是甚麼呢？

法和刑賞

法和禮都是評斷行為的標準，所以必須劃一，讓所有人遵守，那是法和禮相同的地方，在這一點上，兩者沒有分別。法家的法，和儒家的禮最大的分別是：法家在討論法的時候，往往和賞罰連在一起討論，認為法必須強調賞罰：信賞必罰，叫人民一想到法，便定必想到隨之而來的後果。韓非子在〈定法〉篇說：

法者，憲令著於官府，刑罰必於民心。賞存乎慎法，而罰加乎姦令者也。

法除了內容要寫得清楚明白外，還一定要叫人明白，它釐定的賞罰是不能逃避，必定發生的——違法一定受處分；遵法必然得獎賞，也就是《韓非・五蠹》所云：「賞莫如厚而信，使民利之；罰莫如重而必，使民畏之；法莫如一而固，使民知之。故主施賞不遷，行誅無赦」。

《管子・七臣七主》：「法者，所以興功懼暴；律者，所以定分止爭；令者，所以令人知事。」更把一般所謂法，細分成：法、律和令三部分。「法」指的是「興功懼暴」的部分：興功，就是鼓勵人民做積極的事；懼暴，使人民懼怕做壞事，興功懼暴也就是賞罰。今日一般人認為是法最重要的部分——它的內容，管子稱之為「律」。怎樣使人民都知道法律就是「令」？法家的法，內容必須清楚（律），廣為頒布使人人知道（令），倚仗賞罰的令人民遵守（法），就是孔子所謂：「道之以政，齊之以刑」。

儒家的禮，並沒有提刑賞，而是和教誨連在一起討論的，所以後人說「禮教」，把禮和教併在一起。《左傳・昭公六年》記載叔向[10]聽到子產鑄刑鼎，大不以為然，致書子產，裏面說：

昔先王議事以制，不為刑辟，懼民之有爭心也。猶不可禁禦，是故閑之以義，糾之以政，行之以禮，守之以信，奉之以仁，制為祿位，以勸其從，嚴斷刑罰，以威其淫。懼其未也，故誨之以忠，聳之以行，教之以務，使之以和，臨之以敬，蒞之以彊，斷之以剛。猶求聖哲之上，明察之官，忠信之長，慈惠之師，民於是乎可任使也，而不生禍亂。……今吾子（指子產）相鄭國，……鑄刑書，將以靖民，不亦難乎？詩曰：「儀式刑文王之德，日靖四方。」又曰：「儀刑文王，萬邦作孚」如是，何辟之有？

這是中國思想史上著名的一封書信，書內雖然提到賞罰：「制為祿位，以勸其從；嚴斷刑罰，以威其淫」，但維持社會秩序，使人民可使可任，強調的是教化：「閑之以義，……奉之以仁，……誨之以忠，……教之以務」；除此之外，掌權者還需要以身作則：「儀式刑文王之德，日靖四方」[11]，而不是專恃興功懼暴的刑賞，這代表了儒者重禮教的立場。

儒法兩家這點的歧異，原因在叔向貽子產書可窺其端倪：

夏有亂政，而作禹刑；商有亂政，而作湯刑；周有亂政，而作九刑：三辟之興，皆叔世也。

根據叔向，頒布刑法，著於文字，並不是子產開始的，夏商兩朝都已經發生過。以前把刑法「徵之於書」（公布見諸文字），都是在社會混亂、政治不清明的時候，就是所謂「叔世」發生的，所以叔向認為頒布刑法，是導致亂世的原因，預言子產此舉，結果必定是：「終子之世，鄭其敗乎？！」[12]子產的復書：

若吾子之言，僑不才，不能及子孫，吾以救世也。既不承命，敢忘大惠！

《左傳・昭公六年》

⑩ 叔向（出生不詳至公元前五二八年）姬姓，羊舌氏，名月肸，叔向是他的字。春秋時晉國的名大夫。

⑪ 出自《詩經・周頌〈我將〉》。根據朱熹的注：「儀」、「式」、「刑」三字都是解成法，整句的意思是「法文王的德行，便可以安定天下」，不必依仗賞罰刑辟。

⑫ 其實，另一個更合理的解釋是：三辟之興，並不是叔世的原因，而是叔世的結果。是為了解決亂政，所以作禹刑、湯刑、九刑；並不是因為作了這些刑辟，而導致亂世的。叔向把兩者的因果關係顛倒了。

子產復書裏面解釋：他鑄刑鼎的目的只是為了「救世」而已。「救世」裏面的「世」字，是「世代」的意思，是個時間觀念。今日「世」大都當是個空間的觀念，指「世界」。《說文解字》：「三十年為一世」，「世」自古以來，直到明清之際，大都當是時間觀念，指「世代」。（叔向書內所說的「叔世」，「世」也是個時間的觀念）。子產同意叔向的說法（若吾子之言），鑄刑鼎不是長治久安的良方，「不能及子孫」，但他把刑法著諸文字，以便徵查，並不是為了子孫萬世，而是為了應付目前，儘快恢復社會秩序，拯民於水火。在子產眼中，他面對的是個亂世，必定要效法前朝聖王管治亂世的方法，作刑辟應付。

法家的時間觀念

法家是中國歷史上最先強調時間重要的學派。法家認為時間的重要有兩方面：第一，時移世易，時間變遷，社會也隨之而不同，如果我們不偕世遷移，與時並進，墨守成規，那就是守株待兔，淪為笑柄了。韓非說：

上古之世，人民少而禽獸眾，人民不勝禽獸蟲蛇，有聖人作，搆木為巢以避羣害，而民悅之，使王天下，號之曰有巢氏。民食果蓏蜯蛤，腥臊惡臭而傷害腹胃，民多疾病，有聖人作，鑽燧取火以化腥臊，而民悅之，使王天下，號之曰燧人氏。中古之世，天下大水，而鯀禹決瀆。近古之世，桀紂暴亂，而湯武征伐。今有搆木鑽燧於夏后氏之世者，必為鯀禹笑矣；有決瀆於殷周之世者，必為湯武笑矣。然則今有美堯、舜、湯、武、禹之道於當今之世者，必為新聖笑矣。是以聖人不期脩古，不法常可，論世之事，因為之備。

〈五蠹〉

春秋戰國以前的封建小國方圓不過數十里，君主和庶民關係接近，執政者的確可以以身作則：「政者正也。子（執政者）帥以正，孰敢不正」（《論語・顏淵》）；「子欲善而民善矣。君子之德風，小人之德草。草上之風必偃。」（《論語・顏淵》）孔子所說在小國寡民的時代未必是虛言。然而時間不同，社會改變，不同的環境，不同的需要，不同的問題，「聖人不期脩古，不法常可」。戰國時期是國大民多的亂世，社會的建構，君主、官吏、庶民間的關係和以前大異，國君和人民之間重重阻隔，不能再像堯、舜、湯、武之世，只靠「子帥以正，孰敢不正」來解決問題，提出風草之喻，是沒有「論世之事」——留心當時社會的情況，必為新聖所笑。

除了時代不同外，法家還留意到另一個和時間有關的問題：那便是時不我與，很多問題，必須儘快解決，不能耽延，國家存亡，只爭朝夕。子產回答叔向的信，便簡單清楚地說明這一點。他不是認為叔向說的沒有道理，不過，他之所以鑄刑鼎，並不是為了子孫萬代，而是為了「救世」，解決當前的問題。「奇兵有異於仁義，王道迂闊而莫為」，待得迂闊的王道見效，國家可能已經不再存在，一代的人也都滅亡了。在這嚴峻的情況下，是不能不用「奇兵」的。法家重勢輕賢，重刑法輕禮教就是這個原因。

支持勢比賢重要，韓非說：

> 曰必待賢，則亦不然矣。……夫百日不食以待粱肉，餓者不活。今待堯舜之賢乃治當世之民，是猶待粱肉而救餓之說也。……夫待越人之善海游者以救中國之溺人，越人善游矣，而溺者不濟矣。〈難勢〉

韓非論證的要點就是問題迫切，固然找到一個賢者治理政事是最好不過，可是沒有時間等待賢者的出現，但輔之以勢，那就只是一個中人之資便可以稱職了。

論到刑法於治國比教化更有用，韓非論據的要點和上面一樣也是時間，要待教化起作用，整整一代，甚至多於一代的人便已經只能索之於枯魚之肆了⑬。

韓非說：

夫聖人之治國，不恃人之為吾善也，而用其不得為非也。恃人之為吾善也，境內不什數；用人不得為非，一國可使齊。為治者用眾而舍寡，故不務德而務法。〈顯學〉

接下來他用了一個很生動、貼切的比喻：

夫必恃自直之箭，百世無矢；恃自圜之木，千世無輪矣。自直之箭，自圜之木，百世無有一，然而世皆乘車射禽者何也？隱括之道用也。雖有不恃

⑬ 故事出自《莊子‧外物》。莊子向監河侯貸粟。監河侯回答，待得他拿到所管轄地方的稅金，便借莊子三百金。莊子說出下面的故事：一尾鮒魚向莊周求斗升之水以存活。莊子回答說他會引西江之水來救。鮒魚忿而作色表示，時間無多，到引得西江之水來時，他早已變成魚乾了：「早索我於枯魚之肆」。所求的雖然不是解決問題的最好方法，可是沒時間等得及更好的解決方法。如果問題不從速解決，人已經不能活下去，早死掉了。

檃括而有自直之箭，自圜之木，良工弗貴也。何則？乘者非一人，射者非一發也。不恃賞罰而恃自善之民，明主弗貴也，何則？國法不可失，而所治非一人也。〈顯學〉

或曰，「自善之民」的確千載難逢，然而很多人雖非自善，但卻是學而能致的，教誨也可以使人為善，並不是一定要靠刑法。對這個反駁，韓非在另一處有很好的答覆，重點仍然是和時間有關：

今有不才之子，父母怒之弗為改，鄉人譙之弗為動，師長教之弗為變。夫以父母之愛，鄉人之行，師長之智，三美加焉而終不動，其脛毛不改。州部之吏，操官兵，推公法而求索姦人，然後恐懼，變其節，易其行矣。故父母之愛不足以教子，必待州部之嚴刑者，民固驕於愛，聽於威矣。……布帛尋常，庸人不釋；鑠金百鎰，盜跖不掇。不必害則不釋尋常，必害手則不掇百鎰。故明主必其誅也。……故主施賞不遷，行誅無赦，譽輔其賞，毀隨其罰，則賢不肖俱盡其力矣。〈五蠹〉

韓非的立論是有個時不我與、只爭朝夕的前設：「治世之事，急者不得，則緩者非所務也」（〈五蠹〉）。把社會撥亂歸正，解百姓於倒懸，不是可以慢慢來的，為治者必須儘快改善。可是人情「驕於愛」而「聽於威」，對友善的勸告往往放恣、撒賴、推搪，可是對權威的責令卻是俯首貼耳，不敢不從。因為人都是懼怕受傷害的，小小一疋布，價值不大，想偷取的人很多；剛從熔爐出來通紅灼熱、價值不菲的金磚，就是江湖大盜卻碰也不碰。無他，前者拿到手上，身體不會受傷，而後者就只一碰便燒壞了手。父母、師友的勸導較諸有必然和迅速賞罰支持的法令，自然沒有後者那樣強大的「說服力」了。

傳統對法家的批判往往沒有照顧到時間這個因素。剔掉了時不我與這個考慮，也便去掉了法家最強、最有說服力的論據。假若我們明白法家的出發點是面臨亂世，必須儘快恢復社會秩序，沒有拖延的空間，對他們的批評便不會太負面了。後人批評法家刻薄寡恩，這如果不是從既得利益階級——名門貴胄的立場出發，便是不曉得當時社會問題的嚴峻，一般百姓望治之切。賈誼（公元前二〇〇年至前一六九年）在他的《新書》批評商鞅：「違禮義，棄倫理，……行之二歲，秦俗日敗。」西漢時的桓寬（生卒年日不詳）說：「秦怨毒商鞅之法，甚於私仇，故孝公卒之日，舉國而攻之，東南西北，莫可奔走……卒車裂族夷。」（〈鹽鐵論・非鞅〉）然而，據《史記・商君列傳》：「（商鞅之法）行之十年。秦民大悅，道不拾遺，山無盜賊，家給人足，民勇於公戰，怯於私鬬，鄉邑大治。」史遷所記和賈、桓的說法大相逕庭。要是再往下看，〈商君列傳〉：「商君相秦十年，宗室貴戚多怨望者」，便恍然大悟，賈、桓是站在傳統宗室貴戚的立場說話，就秦國的百姓而言，史遷所言應該比較平實近真。從這兩種不同的評價可以看到本章前面所述新晉庶人和宗室貴戚之間鬬爭的慘烈，和法家處及時不我與的「救世」之方是怎樣受久處亂世的百姓所歡迎了。

如果像子產一樣，韓非強調他的理論不是為子孫萬代，而只是「救世」：解決當前亂世的問題，韓非的思想應該會得到更高的歷史評價。可是韓非並不認為「憲令著於官府，刑罰必於民心，賞存乎慎法，而罰加乎姦令」（〈定法〉）只是救世之道，不能及子孫。他在〈五蠹〉說：「明主之國無書簡之文，以法為教；無先王之語，以吏為師，」很清楚表明「以法為教，以吏為師」，不只是救世，還是明主長治久安之道。近人章太炎（字炳麟，一八六九年至一九三六年）說：

> 斯固蚩尤苗民所以為化，藉令為民俗計者，乃在長老父師導之以德，齊之以禮，非法令所能就也。立法之意，止於禁姦，使民有偽行，慚德而已。

欲以法令化民，是聞檃括足以揉曲木，而責其生楩柟聆風，民未及化，則夭枉者已多矣。《檢論‧卷三‧原法》

章太炎是反傳統對法家的惡評，維護法家至力的著名近代學人，他也認為移風易俗，「非法令所能就。……立法之意，止於禁姦」，如果因為法可以制約姦人姦行，便想以法來培育楩柟（也就是棟樑）之材，那是辦不到的，而且更會產生很多不良的後果，傷害不少無辜的人。他認為治國化民還是以儒家的「道之以德，齊之以禮」為是。

「道之以德，齊之以禮」出自《論語‧為政》：「道之以政，齊之以刑，民免而無恥。道之以德，齊之以禮，有恥且格」。從管治的立場看去，一個免而無恥的社會，和一個有恥且格的社會，並沒有甚麼分別。兩個社會都秩序井然，人民都奉公守法。然而，從人民素質去看便大大不同了。在有恥且格的社會，人民明白社會秩序的重要，以違法破壞社會秩序為恥，自動自覺地守法，道德情操比只是為了避免刑罰，卻不了解為甚麼犯法是不對的（無恥）人民便高出一籌了。而且有恥且格的社會是建基在人民認識法治的重要，並不是像免而無恥的社會，只是靠人民懼怕受罰來維持，基礎也就更堅固。可是單從統治者的立場出發，目的只是給君主尋找一個效率高的治具，達至一個，人民都守秩序、不敢違法的社會，那以法為教，以吏為師的確便已經足夠。

法家的術

除了「勢」和「法」，法家還談到「術」。法家的術，韓非之前是以申不害為代表。申不害的生平我們知道的不多，據《史記・老子韓非列傳》，他本來是鄭國的賤臣。後來見用於韓昭侯，相韓十五年之久⑭。終其一生，韓國國治兵彊，其他諸侯國都不敢侵犯。另外一些事跡，散見《韓非子》中。申不害的著述今已幾乎全部佚失，只有保存在《羣書治要》裏面的〈大體〉篇比較完整，從中可以窺見他學說的梗概，在這裏摘錄其中一段，以見一斑：

明君如身，臣如手；君如號，臣如響。君設其本，臣操其末；君治其要，臣行其詳；君操其柄，臣事其常。為人君者操契以責其名。名者天地之綱，聖人之符。張天地之綱，用聖人之符，則萬物之情無所逃之矣。故善為主者，倚于愚，立于不盈，設于不敢，藏于無事，竄端匿疏⑮，示天下無為。

這裏申不害所言的「術」就是君主控制臣屬的「手段」，「竄端匿疏」：勸君主要把心裏面的喜好，動機（端）隱藏起來，不讓臣屬知道，「倚于愚，立于不盈，設于不敢，藏于無事」，一味詐傻扮懵，令人莫測高深，緊握生殺大權，使臣下畏懼，不敢妄為。文內完全沒有提及這種「術」實施起來對國家、人民有甚麼好處。充分顯示他所說的只是君主保護自己的「手段」，並不是治國安民的大道。

春秋戰國末期，諸侯國君臣之間的關係十分微妙。前面已經屢屢提到。因為侵併兼吞的結果，諸侯國的疆埸不斷擴充，不能不起用宗室以外的賢人助理政事。這些參政的賢人，能力高，但卻不是親信出身，對執政的家族起了很大的威脅，兩者之間的矛盾，使君主陷入兩難之局，也就是韓非在〈二柄〉裏面所說：「人主有二患：任賢，則臣將乘於賢以劫其君（舊注：賢者必多才術，故能

---

⑭ 申不害相韓，《韓非子》也有提及。只是根據《韓非子・定法》：「申不害……託萬乘之勁韓，十七年而不至於霸王……」似乎他在韓執政凡十七年，比《史記》相韓十五年多了兩年，可能有兩年他並不是以宰相的身分主政吧。

⑮ 「竄」和「匿」一樣是隱藏的意思。《左傳・定公四年》記載，吳國大敗楚國，楚王逃奔隨國，吳人對隨君說，楚人之敗是天處罰他們殺害了周室子孫，隨君把楚王匿藏起來（君又竄之）是對不起周室，也違反天意。「君又竄之」杜預的注是：「竄，匿也。」

「匿疏」有異文作「匿迹」，《淮南子・人間》有「竄端匿迹」句，「匿疏」似為「匿迹」之誤。「竄端匿疏」的意思是把動機和喜好的迹象都隱藏起來的意思。

乘賢以劫君也）；妄舉，則事沮不勝（舊注：不擇賢則其事必沮而不助。沮，毀敗也）。」怎樣駕馭這些賢人，叫他們不懷異志，特別是篡奪之心，忠心為自己的家族服務，便成了執政者一個極大的考驗。先秦諸子中，申子就是針對這個問題，為君主提出控制下屬賢人之術。韓非承繼申子，在〈七術〉裏面，更詳細具體地提出七個人主控馭臣下的手段（術）。

主之所用也七術，……七術：一曰眾端參觀，二曰必罰明威，三曰信賞盡能，四曰一聽責下，五曰疑詔詭使，六曰挾知而問，七曰倒言反事，此七者，主之所用也。〈內儲說上七術〉

七術的首四術很合理，也很容易明白，就以第四的「一聽責下」為例以見一斑。一個部門政績昭灼，並不等於部門裏面每個辦事人都能幹，君主必須個別考察，才可以洞悉個別人臣的才能。今日我們熟悉的典故「南郭先生」就是出自這裏：

齊宣王使人吹竽，必三百人，南郭處士請為王吹竽，宣王悅之，廩食以

數百人。宣王死，湣王立，好一一聽之，處士逃。〈內儲說上七術〉

南郭處士混在三百個吹竽的人中間，宣王便不能發覺他真實吹奏的能力，到了湣王喜歡聽獨奏，南郭處士知道這次他就不能混過去，只好逃跑了。吹竽者眾，便難以知道哪個好，哪個不好，要是一一而聽之，那便無所遁形了。

可是再往下看，七術的後三術便暴露了法家詭詐陰險的黑暗面了。這三術，說得好聽一點是耍耍小手段，賣弄小聰明，一般正人君子大概都不屑為之，更不要說建議為明君聖主常用的管治之具了。如第五「疑詔詭使」，就是耍手段叫下屬彼此猜忌，以此令他們不敢背叛。韓非舉的例：

龐敬，縣令也。遣市者行，而召公大夫而還之，立有閒，無以詔之，卒遣行。市者以為令與公大夫有言，不相信，以至無姦。〈內儲說上七術〉

縣令遣派兩位從屬出差。故意把其中一人多留片刻，似乎對他有甚麼特別不讓另一人知的囑咐，令他們彼此懷疑，不敢為奸。

第七「倒言反事」，更是故意說謊，去測試下屬的誠信：

子之（人名）相燕，坐而佯言曰：「走出門者何？白馬也。」左右皆言不見。有一人走追之，報曰：「有。」子之以此知左右之不誠信。〈七術〉

子之假意說看見有坐白馬者經過，手下有故意奉承的也說見到。子之便知道左右中誰可靠，誰不可靠。七術中的後三術在歷史故事中常常讀到，尤其是三國時候的曹操，這類故事特別多。我們讀的時候也許會欣賞他的黠狡，但鮮有以此為正道教誨後生，更遑論以之為帝王之具了。（所以就是欣賞曹操的人也不會以他為明君聖主的楷模。）韓非這樣煞有介事地把這些「術」列入為帝王之具，很清楚，主要是為了維護君主的權力。

勢和法如何納為「帝王之具」？

韓非不只對帝王控馭臣屬之術有所增益、引申，傳統更以韓非為集勢、法、術三派大成，法家中至重要的人物。韓非怎樣集三派之大成呢？他就是把勢、法、術三者都納入「帝王之具」。所謂「具」也就是「術」，手段、方法的意思，只是因為所談到的方法、手段，包括了前面討論過的術，為了避免混淆，所以把這包含勢、法、術三者的帝王治國方法另稱為「具」，所謂「治國」，其實「朕即國家」，最終目的只是維護君主的權力。

首先，我們看看韓非怎樣把前人所述的「勢」納入了君主操控臣下的「具」中。

術者，因任而授官，循名而責實，操生殺之柄，課羣臣之能者也，此人主之所執也。法者，憲令著於官府，刑罰必於民心。賞存乎慎法，而罰加乎姦令者也。此臣之所師也。君無術則弊於上，臣無法則亂於下，此不可一無，皆帝王之具也。〈定法〉

慎子提出「勢」，本來只是說，要有效地管治人民，必得賦予管治官吏相應的勢——地位、權力，特別是親信以外，充任中層官吏的賢人，目的是便利百官的管治。然而，在當時得被委任為官吏，得勢，從名從利看去，對得勢的人都有很大好處，因此很有吸引力。韓非十分了解「得勢」的吸引力，在〈定法〉篇裏面便把起用賢能，賦予他們相稱的權勢，納入「具」，控馭臣下的手段裏面去了。他建議君主利用「因任而授官，循名而責實」來操控臣屬。在韓非思想中，勢已經不再是為了百官易於治民，而變成了君主控制臣屬的手段——具。

君主應怎樣授官責實呢？韓非在〈二柄〉篇有詳細的論說，看過〈二柄〉，韓非把勢視為君主駕馭臣屬的手段便更是清楚了。

明主之所導制其臣者，二柄而已矣。二柄者刑、德也。何謂刑、德？曰：殺戮之謂刑，慶賞之謂德。為人臣者，畏誅罰而利慶賞，故人主自用其刑德，則羣臣畏其威而歸其利矣。〈二柄〉

二柄，慶賞和誅罰；慶賞主要包括頒授、擢升，罷奪也是誅罰的一種。怎樣運用這二柄，人主不能隨便讓其他人知道。如果君主依自己的好惡行使二柄，而他的好惡被屬下知道，「則羣臣飾行以要君欲，則是羣臣之情不效」（〈二柄〉）。臣子便都矯情取悅，如「楚靈王好細腰而國中多餓人」（〈二柄〉），臣子的真實才幹和性情便難以判別，因此人君必須「去好去惡，羣臣見素。羣臣見素，則大君不蔽矣」（〈二柄〉）。「素」便是「本質」、「真性情」的意思，「羣臣見素」就是羣臣的真正本質便呈現了。君主必須不讓臣下知道他的好惡，令他們無法矯情來取悅自己，才可以不為臣下蒙蔽。假如人君按朝野的貶譽，「用諸侯之重，聽左右之謁」，執行慶賞誅罰二柄，那害處更大，因為這樣，君主無形中便是把所操的二柄，外判給其他官吏和民眾，大大削弱了自己的權力，導致臣子相互勾結，聯羣結黨，朋比為奸：「父兄大臣上請爵祿於上，而下賣之以收財利，……樹私黨……吏偷官而外交，棄事而財親。……此亡國之風也。」〈八姦〉換言之，怎樣運用二柄，必得如申子〈大體〉篇所說，「倚于愚，……竄端匿疏（迹）」，不能讓人知道。這樣「勢」的運用便成了君王治國之具的一部分了。

韓非不止把勢，同時也把法納入「君王治國之具」之內，把兩者同視為為控制羣臣的手段。在〈定法〉他說：

> 術者，因任而授官，循名而責實，操生殺之柄，課羣臣之能也，此人主之所執也。法者，憲令著於官府，刑罰必於民心。賞存乎慣法，而罰加乎姦令者也。此臣之所師也。君無術則弊於上，臣無法則亂於下，此不可一無，皆帝王之具也。〈定法〉

引文「術者，……法者，……皆帝王之具也」，清楚表示韓非是把二者一同視為帝王之具的。

術和法不同之處是甚麼呢？術是人主自用的，必須「掩其情，匿其端」，不能讓其他任何人知道它怎樣運作。法卻是「著於官府，必於民心」，公開的，透明的，務求所有人都明白清楚。同是帝王之具，為甚麼一隱一顯呢？韓非之所以要求法例清楚、公開，並不是因為他有近代的法治精神，而是因為法律公開，人人明白，帝王才可以用來有效地操控臣屬。

根據韓非，賞和罰這二柄是君主所必須牢牢持有的，不能外假他人。「人主非使賞罰之威利出於己也，聽其臣而行其賞罰，則一國之人皆畏其臣而易其君，歸其臣而去其君矣。此人主失刑德之患也。」〈二柄〉因為人民都畏刑罰而利獎賞，如果他們發現賞罰之權在官吏之手，他們便服從官吏（歸其臣）多於君主了（而去其君矣）。然而，國土疆域遼廓，君主必須任用地方官吏，賦予他們刑賞之權，否則每一訴訟，地方官吏都必須先上稟朝廷才可以斷案判刑，中央固然不勝其煩，而且費時失事，難以治理。韓非十分明白這一點，他說：

> 夫人臣之侵其主也，如地形焉，即漸以往，使人主失端，東西易面而不自知。〈有度〉

離開中央越遠的地方，官吏越容易侵奪人主之權，建立地方勢力，因為人民往往只認識、畏懼，執行賞罰的地方官吏，這些官吏在人民心目中便替代了居於遠處、他們看不到的君王。在這種情況下，解決人臣侵主的方法便是要臣下「師法」，緊守中央，也就是君主，釐定下來的法，也要讓人民知道官吏只是「師法」而已。〈有度〉：

故明主使其羣臣不遊意於法之外，不為惠於法之內，動無非法。法，所以淩過遊外私也。

（梁啟雄據王先謙及其他校本認為，「淩」為「峻」，當在「法」前；「過」應為「遏」，「遊」作「滅」，全句應訂正為「峻法所以遏滅外私也。」）⑯

臣子所師之法必須讓人民知道清楚，所謂：「憲令著於官府」便是這個意思。既然「著於官府」，人民清楚知道它的內容，官吏便不能隨意改動，就是「遠在千里外，不敢易其辭」（〈有度〉）。官吏雖然判執刑賞，但人民知道他們只是執行君主所釐定的法，只是執法的工具。如果官吏任憑私意背法而行，是會受到上面處分的。透過清楚「著於官府」的法，君王雖然沒有離開中央，但無遠弗屆，仍

⑯ 梁啟雄：《韓子淺解・有度》（北京：中華書局，一九六〇年）。

然操控全國境內誅罰慶賞的二柄，沒有大權旁落。從這方面去看，法的透明主要並不是為了公平，而是為了維持君主的控制權。

法家的批判

法家的思想引發很多後來的辯論，反對的以為是刻薄寡恩，極工心計，沒有道德底線，一味維護君權；贊成的以為是突破傳統，思想前衛，洞察人情，切中時弊。平心而論，早期的法家思想很可能就像子產所云，只是為了救世，要在短時間之內恢復社會秩序，叫人民可以過安定的生活。在這方面他們無疑是有成績的，從上面《史記・商君列傳》引文：「（商鞅之法），行之十年。秦民大悅，道不拾遺，山無盜賊，家給人足，民勇於公戰，怯於私鬭，鄉邑大治」可見。然而後來的法家，就是集大成的韓非都沒有討論救「世」之外是否還需要一個長治久安之計；也沒有深入探究社會動亂的根源是甚麼，檢討他們的理論是不是只治標並未曾治本。他們確認「以法為教，以吏為師」便是長治久安的良策。

尤有甚者，細讀韓非的思想，他把法當為帝王之具——目的只在維護君主權勢的手段，從來沒有討論法的內容怎樣才是公平合理，有沒有道德的規範，而且運用的時候陰險涼薄。就是看似開明的地方：好像用人要避免一己的好惡，法律要寫得清楚易明……等等，都只是因為那樣做才不會危害君主的權威、安危，並不是從人民、從道德的立場出發。有人認為韓非是敢於挺身與權貴抗爭的鬬士，他的思想是為了謀取全體民眾的利益，只不過被執政的扭曲誤用，結果得利的還是當權的豪門貴胄。⑰我對這個看法不敢苟同，韓非和後期法家的思想都是從維護君主的威權出發，從未曾照顧到人民，考慮過是非，沒有道德底線。不過在當時的亂世，他們的理論實行起來也的確令社會較為安定，改善了人民的生活，因為就是最極權的獨裁者，要維持他的威權，少不免也要略略照顧人民的生活。在水深火熱的亂世，就只是略略地受到照顧，往往已經足以使人民大悅了，這是十分可哀的事實。

⑰ 陳其猷、張覺：《韓非子導讀》（四川：巴蜀書社，一九九〇年），頁十三。

儒家的故事

仁：道德的種子和成果

在春秋戰國的亂世，周朝開國的文王、武王、周公父子三人為了建立大一統帝國所定下的禮制（周禮）受到了嚴重的衝擊、挑戰。墨、法兩家，雖然沒有反對一統帝國的理想，但都不支持周禮。墨家體會到民間的疾苦，認為周禮強調社會的差等，而且繁文縟節，浪費人力物力，建議兼愛、非樂、節葬。法家深感社會動盪，政府管治無方，周禮迂緩，缺乏效率，並非治世（那一個時代）的良方，提倡以法為教，以吏為師。儒家，特別是孔子、孟子，和墨法兩家相反，竭誠地維護禮制，因此不少人認定他們是抱殘守闕，頑固迂腐，「輕薄為文詆未休」。先秦儒家維護禮制，因為他們認為禮制是基於人性而建成的。它不只維持社會秩序，同時也幫助建立個人的品格，他們為禮制帶來了很多道德上的新意，並不是一味頑愚保守，只是後來的跟隨者未曾領會，守舊愚頑的是漢以後的儒生，是他們為他們所稱頌的聖人：孔子、孟子，帶來迂腐的惡名。

處理因「民眾」而生的問題

「仁」是儒家思想的核心觀念之一，儒家的故事就從「仁」說起吧。

仁雖然是儒家思想的重心，然而在早期儒家的典籍中，我們卻找不到任何有關「仁」是甚麼，清楚、詳細的論述。《論語》有多處孔子弟子問仁的記載，然而，每次孔子的答案都略有不同。有人說這是因為孔子因材施教，按照問仁弟子不同的性格，給予他們易於明白的答案。我們佩服孔子的教育方法，但是要從這些不同答案，找出它們的共通點，循此去了解甚麼是仁，並不是件容易的事。而且這些有關問仁的答案，不少時候表面相互矛盾。

譬如，孔子認為仁的境界很高，就是他自己也不敢說已經達到了：「若聖與仁，則吾豈敢」（〈述而〉）。他的弟子曾子也同意仁並不容易達到，說：「士不可以不弘毅。任重而道遠。仁以為己任，不亦重乎？死而後已，不亦遠乎？」（〈泰伯〉）認為把仁當為一己的責任，生命的目的，要肩負的責任很重，要走的路很遠，可是〈述而〉裏面又記載孔子說：「仁遠乎哉？我欲仁，斯仁至矣。」仁又似乎唾手可得，要達到便馬上達到。究竟仁是遠是近，是易得抑難求？另一處，顏淵問仁，孔子回答：「克己復禮為仁」（〈顏淵〉），約束自己去遵守禮法就是仁，透過守禮去達到仁，似乎禮在仁之先。然而在〈八佾〉篇孔子卻說：「人而不仁，如禮何？人而不仁，如樂何？」質疑如果人沒有仁，禮有甚麼用？並且公開稱讚子夏「禮後乎」的看法。究竟禮是先是後，也好像有兩種矛盾的看法，《論語》裏面這些對仁不同而表面衝突的論述，往往把我們弄得有點糊塗。

《荀子》不是語錄體，是荀子論文的結集，書內差不多每一篇都是結構謹嚴、立論堅實的論文，像〈天論〉、〈禮論〉、〈樂論〉，對「天」、「禮」和「樂」這幾個重要的儒家觀念都解釋得很清楚，可是偏偏〈仁論〉獨付闕如。《孟子》有幾處對仁有比較明確的界說，好像「惻隱之心，仁之端也」（〈公孫丑上〉）；「仁者愛人」〈離婁下〉；「仁，人心也」（〈告子上〉）；「仁也者，人也。合而言之，道也」（〈盡心下〉），但都十分簡單。倒是在法家的典籍《商君書・開塞》，我們找到一條幫助我們明白戰國時期一般人怎樣理解「仁」的重要線索。

《商君書・開塞》：

天地設而民生之，當此之時也，民知其母而不知其父。其道親親而愛私。親親則別，愛私則險。民眾而以別險為務，則民亂。當此時也，民務勝而力征。務勝則爭，力征則訟。訟而無正，則莫得其性也。故賢者立中正，設無私，而民說（悅）仁。

從前小國寡民，當權者關心的只是兩類的人和物：「親」和「私」。「親」就是和自己有深密關係的人，親需要特別的照顧優待，這便是「親親」，（第一個「親」是動詞，指的是與眾不同的優待，第二個「親」是名詞，指的是和自己關係深密的人）；自己的財物，包括牲畜、奴隸，便是「私」，私需要愛惜（愛）①。然而，民眾人口增加，如果還只守着親親、愛私這兩個原則，便不能服眾，會出亂子。當時個別的諸侯國所以人口增加的原因並不只是因為生養眾多。招來遠方的人民，吸引他們移居自己的國家，是春秋戰國時一般諸侯國，特別是有問鼎之心的主要國策。這從下面的故事可見：

梁惠王曰：「寡人之於國也，盡心焉耳矣。河內凶，則移其民於河東，移其粟於河內。河東凶亦然。察鄰國之政，無如寡人之用心者。鄰國之民不加少，寡人之民不加多，何也？」孟子對曰：「王好戰，請以戰喻。填然鼓之，兵刃既接，棄甲曳兵而走。或百步而後止，或五十步而後止。以五十步笑百步，則何如？」曰：「不可。直不百步耳，是亦走也。」曰：「王如知此，則無望民之多於鄰國也。……」《孟子・梁惠王上》

孟子用這個比喻說明梁惠王自誇的所謂德政，較諸鄰國並不見得好到哪裏，只是五十步笑百步。希望這些「德政」吸引外面的人民因此歸附，只是奢望。我們熟悉的成語「五十步笑百步」就是源出於此。因為這個比喻精彩、貼切，我們欣賞之餘，往往忽略了裏面一個重要的消息：「來遠人」，吸引外來的移民是當時諸侯國重要的政策。

梁惠王實施他的「德政」為的就是吸引外來移民，增加自己國家的人口。今日的世界，幾乎每一個國家都設法限制外來移民，認為移民分薄了原來國民的福利。為甚麼當時的諸侯國卻希望移民自己國家的數目增加呢？理由很簡單，在二、三千年前未有機器的年代，的確是人多好辦事，人力是極重要的資源，各諸侯國的君主便都希望自己國家的人口增加。增加人口有兩個方法，其一，就是戰爭勝利後，不濫殺俘虜，保存他們的生命，使他們為奴隸，幫助生產。這些戰俘，往往數目很大。譬如周康王（約公元前一千年）年間，命臣子盂攻伐鬼方，勝利

①「愛」的意義古今有很大的分別。古時（起碼漢以前）「愛」多是愛惜之義。對畜牲、器具的愛惜——不濫用，用的時候小心等等。今日「愛」多指感情上的關切、尊敬、親密，在寫〈開塞〉篇的年代是以「親」字來表達的。

後賞給盂一個鼎，史稱「小盂鼎」。根據鼎的銘文記載，和掠得的牛馬牲畜同列的俘虜，共一萬三千八百十一人。這些被保存性命的戰俘，便淪為周室的奴隸，和牛馬一樣，成為戰勝國的勞力資源。

另一個增加人口的方法就是「來遠人」，吸引自願的外來移民。這些移民所受的待遇固然比俘虜來的好，但在當權者的眼中，他們仍然不是「親」，只是「私」，是財產、資源。然而，這些屬於「私」的人，跟其他的「私」：沒有生命的財物，甚至有生命的牲畜不一樣，他們會思想，有好惡。當這些不屬於當權者之「親」的人民越來越多，也就是「民眾」的時候，對待「私」的方法便必須因應改變，如果仍然守着從前親親、愛私的原則，在親之外，只屬於私的人便感到不公平。這些原則「莫得羣眾之性」，令民眾不滿，不平則鳴，起來反抗，也就是「民亂」。本來是有用的資源的民，倒過來成為傾覆國家的禍害，所謂水能載舟，亦能覆舟。孔子在提醒弟子子路和冉有，來遠人的時候，強調「既來之，則安之」（《論語・季氏》），招來了這些新增的人力資源，必須好好地對待，令他們能安於新環境。但怎樣安？

根據上面《商君書・開塞》的引文，當時執政的才智之士（賢者），在親親、愛私之外，建立了一套中正無私的制度，「而民說（悅）仁」。民所說（悅）的

「仁」，按文理指的就是這套賢者所立、中正無私的制度。「仁」指的是親親、愛私以外，對待人民所新立的原則：公正、不偏袒。這從《孟子》可以找得支持的證據。

> 《孟子・盡心上》：「君子之於物也，愛之而弗仁；於民也，仁之而弗親。親親而仁民，仁民而愛物。」

把這段《孟子》和〈開塞〉的「上世親親愛私」之道相比較，孟子是在親親和愛私這兩種關係之間增加了「仁人（或民）」一項，同時把「愛私」的「私」換成了「物」。孟子在親和私這兩類之外增加了另一類：民；在親和愛兩種態度之外，增加了另一種：仁。

民不是親，和當權一族沒有血緣，或其他密切的關係。他們本來是屬於當權者的私，是當權者的財產、資源。然而他們和其他的私有一個很大的分別。無論是透過來遠人政策招來的「自由」人，抑戰爭勝利後擄來的奴隸，他們雖然不是當權者的親，卻是和當權者的親一樣的人，有思想，有感情，會感到不平，會作不平之鳴，甚至鳴以外更激烈的行動，因此必須和其他牲畜、物品、非人類的私分別出來，不能一體看待。

《商君書》、《孟子》裏面的「民」指的就是這些不是親朋，也不是牲畜、財物、屬於私的人。對待這些民，不必親，也不能只是愛（惜），必須合理、公平地對待。這種合理的看待孟子稱之「仁」，和法家《商君書．開塞》提到人民數目增加，不能再以別險為務，故賢者立中正，設無私，為民所悅納的制度同一稱謂，是在人民多起來之後，為了不生亂，在「親」和「愛」之外，建立的第三種待人接物的方法的名稱。雖然同稱為「仁」，但就內涵而言，儒家的仁和《商君書》提到的仁，十分不同。孟子在另一處說：「仁者，人也」（〈盡心下〉），孟子的「仁民」，簡而言之就是「把民（不是自己所親的人）當人來看待」。這固然包括了法家的公正、無私，但意義卻遠超公正、無私，複雜豐富多了。

法家雖然都看到人民眾多所引生的問題：平民百姓所受到的不平等待遇；治理人口眾多、品流複雜的社會，使它安定和諧的困難。然而，他們的哲學就只是針對問題的表面，可以說只求治標。儒家卻是進深一步：這些問題既然是因為人多了而帶來的，是和人有關的，要認真解決，便必須探本求源，了解人是甚麼，人性到底是甚麼，知其本性，致力治本，然後問題才可以徹底解決，如〈開塞〉篇所說，倘若解決的方案「莫得其性」，始終還是要出亂子的。儒家的「仁」最重要指的還是人的本性。

根據儒家，「仁」，起碼有三個不同的意義，都是和人本性有關的。第一，仁是人與生俱來的本性；第二，這個人的本性，在適當的培育下，充分成長的結果；第三，遵循人本性的行為和表現，這是「仁」三個意義中內容最複雜的，因為它既包括「仁」充分成長後的行為表現，同時也是培育人本性充分成長過程中所要求的行為。孔孟論仁的章句有時看似相互矛盾，就是因為「仁」有多於一個意義，雖然用的是同一個「仁」字，細究之下，其實所指的往往不同。

儒家「仁」的觀念：端與種子

「仁」的第一義。孟子說：

> 無惻隱之心，非人也；無羞惡之心，非人也；無辭讓之心，非人也；無是非之心，非人也。惻隱之心，仁之端也；羞惡之心，義之端也；辭讓之心，禮之端也；是非之心，智之端也。人之有是四端也，猶其有四體也。有是四端而自謂不能者，自賊者也。〈公孫丑上〉

「端」就是開端，從開始便已經擁有的。「仁」是人之四端之一，孟子認為是人與生俱來，開始便有的。當孟子說，沒有這四端的「非人也」，他並不是下一個道德的判斷，而是為人下一個定義。他不是道德上「斥責」沒有四端的人，而是說沒有四端的在定義上不是人。就如我說：「沒有肺、用鰓呼吸、不能離開水在陸地生活的動物不是人」，我並不是「斥責」沒有肺、用鰓呼吸、不能離開水在陸地生活的動物，我只是說他們沒有人的界定質性，不屬於人之類。如果沒有仁端，孟子認為他們不屬於人之類。就是大奸巨惡，如桀紂，孟子認為都是人，都有仁端。因為他們有仁端，屬人之類，所以我們才可以斥責、批評他們是巨奸大惡的「人」。

怎樣證明人有這四端，特別是有仁之端，惻隱之心呢？孟子用大家都很熟悉的「乍見孺子將入於井」為例。他說：

所以謂人皆有不忍人之心者，今人乍見孺子將入於井，皆有怵惕惻隱之心——非所以內交於孺子之父母也，非所以要譽於鄉黨朋友也，非惡其聲而然也。〈公孫丑上〉

這個論證引生了很多後人的論辯。有人以為，並不是每個人乍見孺子將入於井都有怵惕惻隱的反應的。今日不少人看到別人被強暴、搶劫、毆打，或因傷病倒在路旁奄奄一息，可以漠不關心，若無其事，自己走自己的路，甚至連替當事人搖個電話報警求助的舉手之勞都不幹，因此孟子的論證不成立。

支持孟子的人往往辯說：這些沒有惻隱之心的人，並不是生來如此，只是因為生活在畸形的社會，善端被窒息，沒有正常發展而已，還是有善端的。但怎樣證明他們本來仍然是有惻隱之心，只是因為種種原因便壓制，沒有表現出來呢？這樣的論辯，糾纏下去是不能有結果的。

其實爭論是否如孟子所說，人人「乍見孺子將入於井，皆有怵惕惻隱之心」，對證明人是否有仁端，完全沒有關係。固然孟子在這裏說「皆」有怵惕惻隱之心，如果有人見孺子入井真的無動於中，只是顯示了孟子的「皆」字用得不當、太強，但並沒有證明孟子所說：「惻隱之心，人皆有之」不對。因為不忍見孺子將入於井只是惻隱之心的一個例子，除此之外，還有很多其他的例。只要人對某些事物，（不必是孺子入井，也可以人各不同，）曾經動過惻隱之心，有過不忍之情，這種不忍便是仁端，應該發展、擴充。《孟子‧梁惠王上》俗稱〈齊桓晉文章〉記載齊宣王問孟子：

曰：「德何如則可以王矣？」

曰：「保民（也就是行「仁民」之政）而王，莫之能禦也。」

曰：「若寡人者可以保民乎哉？」

曰：「可。」

曰：「何由知吾可也？」

孟子提出齊宣王有仁心的證據，不是宣王「乍見孺子將入於井」有惻隱怵惕之心，而是宣王見牛將就死地，有不忍之心。可見，在孟子而言人有仁端的證據不在乎是否對「孺子將入於井」這件特殊的事有不忍之心，而是人人都曾經對某些事物動過惻隱之心。在甚麼場合，對甚麼事情動過惻隱之心，並不重要；是否經常發生也不重要；重要的是曾經有過這種經驗。只要一個人曾經一次動過惻隱之心，無論對象是甚麼，這種感情便是仁。既然他曾經有過這樣的感情，便證明他的性情裏面有仁端，不能推搪他生而無仁了，如果他不行仁義乃只是他不肯做，並不是他不能做。明白了孟子論據的要點，明白了乍見孺子將入於井只是一個例，是否所有人，在任何時間，看到孺子將入於井都會生出惻隱怵惕之心，並不重要。要駁倒孟子人有仁端之說，需要證明的是：所有人，都不曉得甚麼是怵惕惻隱之心，從來未曾一次對任何人，或事，有過不忍之心，動過惻隱怵惕之情。這在我看來是幾乎沒有可能的。

仁種充分的長成

現在讓我們討論「仁」的第二義。孟子說：

凡有四端於我者，知皆擴而充之矣，若火之始然（燃），泉之始達。苟能充之，足以保四海；苟不充之，不足以事父母。〈公孫丑上〉

「仁」的第二義指的是仁端充分發展，達到可以保四海的境界。孟子說：「仁者無敵」〈《梁惠王上》〉的仁者，也就是讓仁端充分發展的人。

我們可以指着兩顆植物的種子，說這顆是桃，那顆是李；我們也可以指着兩株樹葉婆娑、花果茂盛的樹，說這株是桃，那株是李。「桃」、「李」指的可以是桃、李的種子，也可以指長成了的桃樹、李樹。桃李的種子未必一定可以長成桃樹、李樹，更未必可以長成健康茁壯、結實纍纍的桃樹、李樹，但種子和長成了的果樹兩者都是同一個名稱。仁端是「仁」，仁人的表現也是「仁」。前者指的是人性中有待培育的仁種；後者指的是仁種長成後的結果、表現和行為，兩者同稱為「仁」。仁端人人都有，但不一定人人都可以充分發展。能夠充分發展到成為仁者的境界，好像《論語・陽貨》所描述：

能行五者於天下為仁……（五者）曰：恭、寬、信、敏、惠。恭則不侮；寬則得眾；信則人任焉；敏則有功，惠則足以使人。

孔子說：「若聖與仁，則吾豈敢」（〈述而〉），行恭、寬、信、敏、惠五者所達到的仁，就是孔子自己也認為未能做到，顯然指的不是人人皆有，仁端的仁，而是指仁端成長後所結的果了。人人皆有、像種子一樣蘊藏人性中的仁是仁端，人如果只有仁端，沒有讓它成長，那連好好地事奉父母也未能辦得到；培育仁端，讓它充分發展，實行出來天下皆以為的仁，是儒家行為最高的理想，聖人的境界。

「仁」因為有種子，和充分發展後的成果這兩層意義，儒家典籍論仁之處，有時說仁很遠、很難，有時又說很近、很易，看似矛盾，其實不然。說仁很近、很易，「我欲仁，斯仁至矣」（〈述而〉）是指仁的種子，每個人都有，只要留心自省便可以找到；說仁很遠、很難，孔子自己也不敢說已經達到的境界，是指仁種充分的發展，光輝的成果。禮在仁先，抑處仁後？也可以用同一方法解決。「人而不仁，如禮何？人而不仁，如樂何？」（〈八佾〉）那「仁」指的是仁種。人如果沒有仁種在裏面，怎樣守禮也不能培育出仁人，因為禮只是幫助人發揮本性，並不能注入人性本來所未有的，較諸仁端，那禮在後。然而，仁端需要靠禮的誘導、約束才可以充分成長。因此較諸仁端生出的花果而言，禮卻是在前。明白了「仁」有這兩方面的意思，出現的時候留心它指的是哪一個，不少儒家典籍論仁表面的矛盾便消失了。討論儒家思想的時候，必須明白，牢記「仁」這兩個不同的意義。

人皆有四端，充分讓這四端發展，人皆可以為聖人。《孟子》：

曹交問曰：「人皆可以為堯舜，有諸？」孟子曰：「然。」〈告子下〉

顏淵曰：「舜何人也？予何人也？有為者亦若是。」〈滕文公上〉

堯舜在儒家思想中是聖賢的典範，人皆可以為堯舜也就是每個人都可以成為聖人。這比墨家的「官無常貴，人無終賤」，更樂觀、進取，也是儒家學說的精要。

性善？性惡？

有人把上述《孟子》的論說稱為「性善說」，視之為儒家思想的主流。然而，孔孟之後，先秦最後一位大儒荀子，卻是大力反對人性善，認為人性不是善，而是惡。《荀子・性惡》開宗明義，第一句：「人之性惡，其善者偽也。」這裏的「偽」

字不是「虛假」、「虛偽」的意思，而是「人為的」之意。荀子認為善是師友的訓誨，和自己努力的結果，不是生而能，而是學而致的，是人後天的作為所達至的。荀子〈性惡〉篇四次指名道姓反對孟子：

孟子曰：「人之學者，其性善。」曰：是不然：是不及知人之性，而不察乎人之性偽之分者也……

孟子曰：「今人之性善，將皆失喪其性故也。」曰：若是則過矣。今人之性，生而離其朴，離其資，必失而喪之。用此觀之，然則人之性惡明矣……

孟子曰：「人之性善。」曰：是不然。

……凡論者，貴其有辨合，有符驗。故坐而言之，起而可設，張而可施行。今孟子曰：「人之性善。」無辨合符驗，坐而言之，起而不可設，張而不可施行，豈不過甚矣哉！

每一次提到孟子說性善，荀子都評曰：「是不然」，「過矣」，「過甚矣」，對性善說大不以為然。在〈性惡〉篇荀子提到堯舜的一段對話：

堯問於舜曰：「人情何如？」舜對曰：「人情甚不美，又何問焉！妻子具而孝衰於親；嗜欲得而信衰於友，爵祿盈而忠衰於君。人之情乎！人之情乎！甚不美，又何問焉。

堯問舜人情美不美。舜回答：「人有了自己的家庭，對父母的孝心便減少了；欲望滿足，朋友之間的情誼也就變得淡薄；升了官，對君主的忠心也衰退了。人情十分不美，又何須問。」荀子同意「人情甚不美」，也就是人性惡：

人之性，生而有好利焉，順是，故爭奪生而辭讓亡焉；生而有疾惡焉，順是，故殘賊生而忠信亡焉；生而有耳目之欲有好聲色焉，順是，故淫亂生而禮義文理亡焉。

孟荀的性善、性惡不同，是中國思想史上一大公案，讓我們花點時間討論一下這個爭論的是非優劣。

性善說的是甚麼呢？性善只是指出人皆有仁、義、禮、智之善端。孟子提出人有仁端的證明：每個人都曾經在某一時間，對某些事物，不是因為甚麼功利的理由，動過惻隱之心。然而，反對的指出，人也曾對某些事物，完全沒有同情，表現涼薄、自私、殘酷，循上述孟子證明人有善端的推理，同樣也可以推出人性有惡端的結論。如果人有善端支持性善論，那人有惡端便證明性惡論了。性善論堅持只有惻隱之心才真是人性；涼薄自私，不過是人性的歪曲，並非本來的人性，這些說法完全是主觀意願，沒有客觀理據支持。其實，孟子還提出了一個，不是基於後天經驗，而是純粹基於思考證明人性善的理據，十分有說服力，只是少人注意而已。

無論持性善，抑性惡，彼此都同意甚麼是善，甚麼是惡。惻隱之心、辭讓之心雙方都接受為善；見死不救、逢利必爭彼此都認定是惡。性善、性惡的爭論不在善惡的定義，而在人的本性是善抑惡。明白了這點，讓我們看孟子的論據。

《孟子・告子上》：

告子曰：「性猶杞柳也，義猶桮棬也，以人性為仁義，猶以杞柳為桮棬。」

孟子曰：「子能順杞柳之性而以為桮棬乎？將戕賊杞柳而後以為桮棬也？如將戕賊杞柳而以為桮棬，則亦將戕賊人以為仁義與？率天下之人而禍仁義者，必子之言夫！」

這段簡單的對話是《孟子》書內討論人性善理據最清楚的一段，仔細分析孟子在這裏的推理，便明白他堅持人性善是有充分，而不是基於經驗的理由的。

這裏，告子提出了一個比喻：人性像木料，好的行為像以木料製成的杯盤器皿。在告子還未進一步引申所要說的理論之前，孟子便把他截停，要求他澄清比喻裏面的一點：就告子看來，把木材製成木器，是順木之性（順杞柳之性而以為桮棬），抑違反木之性（將戕賊杞柳而後以為桮棬）呢？這個問題的答案，只有兩個：「順木性」或「逆木性」。因為孟子問了這個問題，後人往往便在這個問題上糾纏下去。支持把木料製成木杯木盤是順木性的認為，如果木性不能盛載液體，斷不能用木製成杯盤。就好像我們不能用棉花、宣紙製成杯盤，因為棉花、宣紙的質性不能盛載物體，特別是液體，不可能有杯盤的功用。木材可以製成杯盤，因為木的質性，固體、液體都可以盛載。同一理由，我們不能把木材製成砍伐樹木用的斧鋸，因為斧鋸所要求的質性：堅硬、鋒利不在木性之內。

認為把木材製成杯盤必須逆木之性的指出，樹木沒有自由生長成杯盤這樣複雜的形狀固不用說了，就是簡單地長得像車輪的圓，箭杆之直，都是幾乎沒有可能的事。像韓非所說：「恃自直之箭，百世無矢；恃自圜之木，千世無輪矣」（《韓非・顯學》）。必須把木料「檃栝烝矯」加工，改變它自然的姿態，然後才可以造成合用的杯盤。《荀子・性惡》說：

直木不待檃栝而直者，其性直也。枸木必將待檃栝烝矯然後直者，以其性不直也。

木材要加工方能成為木器，便證明了「作器皿」並非木材之性，否則奚待加工？就如荀子所云，如果木性為直，又奚需檃栝烝矯方得為直？

爭拗木器的製成是順或逆木性，是難有結果、勞而無功的，而且對了解這一段〈告子上〉一點用處都沒有。因為孟子問這個問題並不是對木性有興趣。木器（桮棬）的製成究竟是順木性，抑逆木性不重要。重要的是如果告子把木喻人性，木器喻善行，木器的製成必須順木性，孟子才可以接受他的比喻。這和事實無關，如果事實上，製成木器必須逆木之性，孟子不能改變事實，只是，如果事實如此，他便不接受以木和木器的關係來比喻人性和善行的關係。因為接受了這個比喻，便得承認教導人為善是違背人性的，勸人為善是勸人違背人性，循此推下去得到的終極結論是難以接受的：一切合乎仁義的道德行為，所有善行，都是違反人性的，正人君子是沒有人性的人。

〈告子上〉的另一段，孟子說：

詩曰：「天生烝民，有物有則。民之秉彝，好是懿德。」孔子曰：「為此詩者，其知道乎！故有物必有則；民之秉彝也，故好是懿德。」

這段話最重要的一句是：「有物有則。」不論人也好，物也好，都有它界定的質性，也就是「則」。能夠秉守發揮它界定質性的，無論是人，是物就是好的。舉個例，甚麼是好蘋果？好蘋果就是把蘋果的界定質性，蘋果的則，發揮得淋漓盡致的蘋果。有人不喜歡蘋果的味道，喜歡榴槤，但不能因此便認為味道像榴槤的才是好蘋果。這不是說榴槤味道不及蘋果的好，只是說像榴槤味的蘋果，無論你怎樣喜歡，已經不是蘋果了。「有物有則」，蘋果之為物，有蘋果之則——界定質性。把這個質性發展得越充分，越是好蘋果，乖離了這個則，便不再是蘋果了。衡量事物本身是好是壞，必須以該事物的界定質性為依據。好，一定不能乖離這個界定質性——則。如果離開了事物的則，無論怎樣好，都已經不再是那件事物了。如果人性是惡，善是惡的相反，是「非惡」；善人便是非人，不是人；做好人，就是做個「不是人」的人。

孟子認為如果告子認為製造木器是逆乎木之性，卻以之比喻人性和行仁義的關係，那「率天下之人而禍仁義者，必子之言乎」。這並不只是說告子之說會損害仁義。這句話裏面的「禍」字不是作「損害」解。《孟子・梁惠王上》書開端：「孟子見梁惠王，王曰：『叟，不遠千里而來，……』」「不遠千里」是「不以千里為遠」的意思，「遠」是「以為遠」之意。「率天下之人而禍仁義」的「禍」字，也是同一用法，整句的意思是「率天下之人視仁義為禍害」。損害仁義遠遠不及教導人視仁義為禍害的傷害大。

歷來社會上都有幹傷天害理之事的人，今日的畸形社會最可怕的是，他們不認為傷天害理的行為是錯，反視之為率真，視仁義為虛偽，把仁義看為傳統的洗腦，把道德視為人性的枷鎖，稱善人為偽君子，這才是孟子所謂「禍仁義」的意思，是孟子認為接受性惡說所引生最壞的後果。事實上，把木材製成木器，是順木性，抑逆木性並不重要，只是如果把木性比喻人性，把道德行為比喻為木器，那基於上述理由，必須認定製成木器是順木之性，否則比喻不能接納，因為它會導致以仁義道德為禍害的結果。

上述支持性善、反對性惡論的辯證是循純理性的角度進行，和經驗無關：如果人性惡，那麼善行就是非人性的行為，善人就都不是人。孟子認為在邏輯上這是不能接受的。這是孟子支持人性善最強的論證。

性善，性惡，將無同？

性善，性惡，只是理論稱謂上的爭論，在理論的實質上，完全沒有分別，竟然成為中國思想史上一大公案，實在難以理解。

首先，無論持性善抑性惡，兩者都認為人皆可以為善。持性善說的固然認為人皆有善端，在這方面，普通人和聖人完全沒有分別，同屬一類。孟子說：

> 自生民以來，未有夫子也。有若曰：「豈惟民哉？麒麟之於走獸，鳳凰之於飛鳥，太山之於丘垤，河海之於行潦，類也。聖人之於民，亦類也。出於其類，拔於其萃，自生民以來，未有盛於孔子也。」《孟子・公孫丑上》

聖人雖然看來和凡人不同，這種不同就像麒麟之於其他走獸，鳳凰之於普通禽鳥，其實都是同類，只不過他們雖然同出一類，卻是拔於其萃——同類中最頂兒尖兒的。換言之，所有人，從「仁」之第一義看去，都可以說是仁人，分別只是在「仁」之第二義，聖人仁端的擴充發展遠超其他人。但人既然和聖人同類，所以人人皆可以達到聖人的境界，以聖人為生命的鵠的。

持性惡說也同樣認為人皆可以為善，達到聖人的境界。《荀子・性惡》：

「塗之人可以為禹。」曷謂也？……今使塗之人者，以其可以知之質，可以能之具，本乎仁義之可知之理，可能之具，然則其可以為禹明矣。今使塗之人伏術為學，專心一志，思索孰察，加日縣久，積善而不息，則通於神明，參於天地矣。故聖人者人之所積而致矣。

「塗之人」就是指一般里巷之人，禹是古聖賢的典範，荀子同意塗之人可以為禹，也便表示他認為人人皆可以成為聖人了。〈勸學〉篇說得更明顯，學的目的便是要成為聖人：

學惡乎始？惡乎終？曰：其數則始乎誦經，終乎讀禮；其義則始乎為士，終乎為聖人。

荀子勸學最終的目的，就是要人成為聖人。勸學並不是只為某一類特殊的人，而是為所有的人。學的目的既然是「為聖人」，荀子是相信人皆可以為聖人的。

不單如此，荀子雖然沒有用「端」這個字，但他是相信人人皆有行善之端的：

人雖有性質美而心辯知，必將求賢師而事之，擇良友而友之。……則所聞者堯舜禹湯之道也，……所見者忠信敬讓之行也。身日進於仁義而不自知也者，靡使然也。〈性惡〉

雖然他沒有用「善端」一詞，這裏提到人擁有的美好質性，辯知的心，指的不是孟子所謂的善端又是甚麼呢？

無論持性善抑性惡，兩者都認定人皆有為善之質，人皆可臻至聖人之境，從上面《孟子》、《荀子》的引文看來是毋庸爭議的。

性惡說堅持人要達到聖人的境界，必須透過教育，如果任得人性自由發展，人一定會變壞：

人之性，生而有好利焉，順是，故爭奪生而辭讓亡焉；生而有疾惡焉，順是，故殘賊生而忠信亡焉；生而有耳目之欲有好聲色焉，順是，故淫亂生而禮義文理亡焉。然則從人之性，順人之情，必出於爭奪，合於犯分亂理而歸於暴。故必將有師法之化，禮義之道，然後出於辭讓，合於文理，而歸於治。《荀子・性惡》

故枸木必將待檃栝烝矯然後直；鈍金必將待礱厲然後利；今人之性惡，必將待師法然後正，得禮義然後治。《荀子・勸學》

這是性惡論的核心思想。

持性善的並不反對這個說法，他們沒有因為相信人性善，便認為可以任它自由發展，人人便都自然成為聖人。他們也承認：

苟得其養，無物不長。苟失其養，無物不消。孔子曰：「操則存，舍則亡，出入無時，莫知其鄉。」惟心之謂與？《孟子・告子上》

如果不教育，仁端不會成長，人自己是善不起來的；如果不教育，善性甚至會逐漸消失，心地變成「牛山濯濯」。

無論持性善也好，主性惡也好，雙方都同意：人皆有為聖人的質性，人皆可以成為聖人，要達至聖人的境界必須透過教育，靠賴良師益友。這同是他們的中心思想，半點分別都沒有。儒家的「性善派」，因為相信人皆有可以行善成聖的條件——行善的潛能，稱此潛能為「性」，所以認為人性本善。「性惡派」見到人必須被約束，受教誨，不能由得他們任意而行，否則良知盡喪，淫邪凶暴，無所不為，稱這個傾向為「性」，因此堅持人性惡。其實，雙方對人的看法是完全一致的，只是對「人性」的定義不同，為此爭辯過千年不休，是沒有甚麼意義的。

「仁」的第三方面的意義：仁的行為，理想的倫常關係，和達至仁境的途徑。我們在下一章詳細討論。

禮：仁種的培育

「仁」除了有仁端，和仁端充分發展後的成果兩個意義之外，「仁」還有第三個意義：那是內容最複雜的，指的是所有合乎仁的行為，這些行為既是仁端長成後的表現，同時也是怎樣發展仁端的操練。《論語》多處記載弟子問仁於孔子，孔子的回答不少時候都是指出某一種行為，或某種行為的態度。譬如：

仲弓問仁。子曰：「出門如見大賓，使民如承大祭。己所不欲，勿施於人。在邦無怨，在家無怨。」〈顏淵〉

這裏孔子不是說「出門如見大賓」就是仁的本身，或者仁的界定質性。甚至「己所不欲，勿施於人」也不是仁的本身，或界定質性。孔子只是說這些行為，這些處事原則，是仁的一種表現，這種表現也可以稱為「仁」。就如對「甚麼是紅色？」這個問題，我們可以答道：「像口唇，像血，像火的顏色。」口唇、血、火的顏色，雖然也稱為「紅」，但卻不是紅的本身，不是紅的界定質性，只是紅的一種。這些稱為「仁」的行為也是一樣，只是一種仁的行為，一種仁的結果。更複雜的是：發展仁端，往往是靠這些行為來操練的。舉一個例，駕駛汽車，把車駛離路邊前，先看看後方是否有車前來；駕駛途中，經常留意前後左右的交通情況，是良好司機的行為。可是訓練良好司機，也是靠這些行為：要他們駛離路邊前先看看後方，駕駛時留意四周的環境……等等。這些行為既是良好司機的果，也是良好司機的訓練。同樣，仁的行為，好像「出門如見大賓」，可以是仁充分長成後所結的果，也可以是幫助發展仁端，讓人臻至仁境的訓練行為。這種發展仁端的操練行為，儒家稱之為「禮」。禮是儒家思想十分重要、複雜的一環。

甚麼是禮？《說文解字》：「禮，履也（段注：履足所依也。引伸之，凡所依皆曰履）。所以事神致福也。從示從豊。」根據這個解釋，禮的本義是人所要遵從（依）的宗教（事神致福）儀式、規條、守則，所以從「示」，因為和神祇有關；所以從「豊」（禮器），因為和儀式有關。禮開始的時候宗教的成分很重，到了周初，周公制禮作樂，所制的禮已經不只是事神致福的宗教祭祀儀式了，而是賴以維持社會安定，建立一統帝國的政治制度、典章、律例。孔子說：「殷因於夏禮，所損益，可知也；周因於殷禮，所損益，可知也」（《論語．為政》）；「為國以禮」

（〈先進〉）；「上好禮，則民易使也」（〈憲問〉）；「天下有道，則禮樂征伐自天子出；天下無道，則禮樂征伐自諸侯出。」（〈季氏〉）……等等，以上說到的禮，指的都是國家的典章制度。到了春秋戰國，禮之於儒家，更不止超出了宗教，甚至超越了政治、社會的範圍，進入到個人道德的層面了。儒家為禮注入了道德的意義，這些儀式、律例、規條，不再只是為了事神致福，維持社會秩序，還加上了訓練個人道德，幫助發展人性本有的善端的功用。孔子說：「立於禮」（〈泰伯〉）；「不學禮，無以立」（〈季氏〉）裏面所說的禮，便是就個人道德層面而言的。把禮擴展至政治層面是周公的貢獻，再把它擴充至個人道德層面，是先秦儒家的貢獻。

禮者養也

對禮有幾個常見的誤會。第一，顏淵說：「夫子循循然善誘人，博我以文，約我以禮。」（《論語・子罕》）「約我以禮」就是以禮來約束。按這個說法，禮主要的功用是：約制、防範、禁止某種行為。禮的規條，就是字面上不是負面，不是說不可這樣，不准那樣，但骨子裏還是負面的：「非禮勿視，非禮勿聽，非禮勿言，非禮勿動，」（《論語・顏淵》）不要做不合禮的事。把禮看為主要是負面的禁約規條，是最常見、對禮最大的誤解。《荀子・禮論》是先秦儒家典籍中討論禮最詳盡的一篇文章，它裏面對禮的解釋和「禁約的規條」十分不同。

禮起於何也？曰：人生而有欲，欲而不得，則不能無求。求而無度量分界，則不能不爭。爭則亂，亂則窮。先王惡其亂也，故制禮義以分之，以養人之欲，給人之求。使欲必不窮乎物，物必不屈於欲，兩者相持而長，是禮之起也。故禮者養也。

這段文章，眼光獨到，見識過人，糾正一般人認為禮主要功用是負面的約制的大誤解，是歷史上討論、解釋儒家的禮最有深度、不容忽視的一篇重要文章。

禮者養也，養的是甚麼？按《荀子・禮論》禮養的是欲。談到欲，一般人都認為不是好東西，不是要禁制，便是要約束，務求其寡。然而荀子認為人生而有欲，有欲是人的天性，不能避免。有欲便必須尋求欲的滿足，不該刻意壓止禁制。所以荀子不止沒有提倡禁欲、寡欲，反而認為欲需要養。養不是約束、禁壓，而是孕育、助長、滿足。禮就是為了養欲而制定的。養欲的目的是「使欲不必窮乎物，物必不屈於欲，兩者相持而長。」這三句話，特別是最後一句：「兩者相持而長」：養欲不是消極的禁約，而是積極地幫助欲和物一齊增長。這一點，十分重要，卻是最難解釋。

「使欲必不窮乎物，物必不屈於欲」兩句，前人的注解往往略過，沒有詳細注釋。近年出版的語譯：「使人們的欲望不被物質所窮窘，使物質不被欲望所壓倒」[1]；或者流行的網上語譯：「使人們的欲望決不會由於物資的原因而得不到滿足，」也都不令人滿意。我們的欲望往往因為物資的缺乏而受限制。我們喜歡吃荔枝，但因為地域、季節所限，世界不少的地方，一年很多時間，沒有荔枝出產。在那些地方，那些季節，我們吃荔枝的欲望便因為荔枝的缺乏而受到限制。「欲窮於物」不是這個意思，不是說我們的欲望由於物資缺乏所以得不到滿足。如果是這樣意思，要欲不窮於物，似乎應該節而不是養。「欲窮於物」在這裏的意思是：很多時候，我們有甚麼欲求也都受制於我們常見的物資，不能超越所知物資的範疇。白居易《琵琶行》：「住近湓江地低濕，黃蘆苦竹繞宅生，其間旦暮聞何物？杜鵑啼血猿哀鳴。……豈無山歌與村笛，嘔啞嘲哳難為聽。」山歌村笛在白居易是難為聽，可是世世代代住近湓江的居民，他們只曉得這些山歌村笛，覺得音樂就只是如此，他們聽覺的欲望也就為物資，經驗所限而止於山歌村笛。

不單欲可以窮於物，物也會屈於欲。再用上面的例，湓江附近的居民不止滿足於山歌村笛的音樂，以為器樂就只是笛子所能發出的聲音，所能吹出的曲調。他們還以為只是能夠發出這種音聲，奏出這種音樂的才是樂器。不只村人對音樂的欲望受了限制，他們對樂器的要求也受了限制，以為只有吹奏的才是樂器，不曉得可以有拉奏的絃琴、敲打的鼓磬。在這種情況下，欲和物相互窮屈，兩者都不能發展。養欲就是要打破這個欲和物互相壓制的局面，希望兩者，欲和物，能相持而長。怎樣養欲？怎樣可以使欲和物相持而長呢？

《荀子・禮論》接下來說：

芻豢稻粱，五味調香，所以養口也；椒蘭芬苾，所以養鼻也；雕琢刻鏤黼黻文章，所以養目也；鐘鼓管磬琴瑟竽笙，所以養耳也；疏房檖貌越席牀第几筵，所以養體也。故禮者養也。

引文提到養口、養鼻、養目、養耳、養體的東西，在當時都是列為上等的精品。芻豢稻粱加上不同的調味是高級食物；椒蘭芬苾是上等香料；雕琢刻鏤黼

① 楊柳橋：《荀子詁譯》（濟南：齊魯書社，一九八五年）。

黻文章是精美的藝術品；鐘鼓……竽笙是悅耳的音樂；疏房……几筵是舒適的家具，很清楚地表明荀子的所謂「養」是質的培養，不是量的培養：是培養更高的品味、欲求更好的，而不是追求得到更多的東西。禮並不是養口、鼻、目、耳、體，五官的經驗，而是養心，培育我們有更高、更美的道德情操。

先以養口為例。人生來就懂得求飽，養人的食欲不是訓練人吃得更多，而是吃得更好。以前有菜有肉，塞飽了肚，食欲便滿足了。養口的訓練是讓人曉得肉有不同烹調的方法，同一塊肉，烤、燉、蒸、炒、煎、炸、涮吃法都不同；調以鹽、糖、椒、醋、酒、蒜、芥也有不一樣的味道。食欲不再只是求吃飽，還有「好味道」的要求。食物的素材、烹調的方法都可以改變食物的味道，令它變得更繁複豐富，食欲和食物也就相持而長了。

孟子說：

口之於味有同耆也。易牙先得我口之所耆者也。如使口之於味也，其性與人殊，若犬馬之與我不同類也，則天下何耆皆從易牙之於味也？至於味，天下期於易牙，是天下之口相似也。〈告子上〉

口味的培養是通過大廚的創意烹飪，燒出我們從未嚐過的美味，擴闊了我們的味覺領域。這些名廚，如春秋戰國時的易牙，並沒有勉強我們，也沒有把我們「洗腦」，令我們接受他美味的標準。他只是「先得我口之所耆」：在我們還未嚐過那種美味之先，已經知道我們一定會喜歡這種味道。把這個概念推展到人的心性，透過古聖賢提出新的道德標準，我們的道德感變得更敏銳，道德眼界更廣闊，道德情操更高尚。古聖王沒有勉強我們遵從，沒有把我們洗腦，而是他們比我們更早知道我們所樂意接受、樂意遵行的、他們的新標準，更能滿足我們的道德要求。

心有所同

這個說法，不少人不同意。主要的反對理由是：人五官經驗的好惡，並沒有同一的標準。孟子所謂「口之於味也，有同耆焉；耳之於聲也，有同聽焉；目之於色也，有同美焉」（〈告子上〉）是錯誤的，推展到道德方面，就更不用說了。他們堅持每個人的善惡、美醜、愛憎的標準都是主觀的，可以人各不同。面對這反對，孟子在〈告子上〉提出了他的辯護：

凡同類者，舉相似也，何獨至於人而疑之？聖人與我同類者。故龍子曰：「不知足而為屨，我知其不為蕢也。」屨之相似，天下之足同也。……口之於味也，有同耆焉；耳之於聲也，有同聽焉；目之於色也，有同美焉。至於心，獨無所同然乎？心之所同然者何也？謂理也，義也。聖人先得我心之所同然耳。故理義之悅我心，猶芻豢之悅我口。

同類的東西都有相似之處，共同之點。只要是人，不論長於何地：非洲、歐洲、亞洲；生於何時：戰國、唐宋，抑近代，我們都接受他有一對眼睛，一雙耳朵，一個鼻子，一張嘴巴，而且都長在臉上，位置也差不了多少，眼睛在鼻子之上，嘴巴在鼻子之下，耳朵在旁邊，一邊一隻……，完全不會有任何疑問。鞋廠造鞋輸往外地，雖然從來未見過那地方的人，但絕對不會做成像個籮的樣子，還是和我們慣常見到的鞋差不多模樣，因為造鞋的明白，只要是人，腳的大小可以不同，但形貌定是相類似的。然而，孟子問，為甚麼說到心性，我們卻堅持沒有共同之處，人各各不同呢？

孟子的辯證似乎沒有說服力。就是人的身體相似，又怎樣證明人的心性也定必相類呢？何況人的身體並不是孟子所說的相似？俗語不是有說：「人心不同，各如其面」嗎？就是人的面貌也並非相似，五官大小各各相異，容貌美醜人人不同。口味更顯而易見彼此不同了，有愛吃辣的，有愛吃酸的，有半點辣便壞了胃口的，稍酸一點便吐個不停的。又怎樣可以說：「口之於味，有同耆焉」呢？其實雙方都有道理，看到底是從微觀抑宏觀方面而言。

人的面貌的確各各不同，所以警察可以懸圖緝兇，我們也能夠從一羣人中認出自己的親友，這是比較細微的分別。然而孟子所說，替從未謀面的人造鞋，決不會做成像個籮的樣子，因為人的腳大抵相似，那是就大體而言。我們對甜、酸、苦、辣的味道愛惡不同，那是就微觀而然。飯店的客人，雖然第一次光顧，好的廚師仍然可以為他們燒出令他們讚賞的菜式，因為人大體喜歡吃的是相類的，是可以知道的。日常生活的運作就是建基於同類大體相同這個信念上。遇到甚麼差異，我們都千方百計尋找共同點。因為我們明白，如果人沒有相同之處，身體、性情，各各迥然相異，沒有半點相同，不單廚師難以燒菜，織造業難以製衣，醫生也不能治病，社會是無法運作的。孟子在〈告子〉篇問的是：在任何人類活動的範疇，我們都接受同類相似為運作原則，為甚麼一談到道德，我們卻堅持「人之心，無所同然」，認定人各有自己不同的是非好惡標準呢？持這個態度，是合理，還是故意刁難？孟子問：「至於心，獨無所同然乎？」我覺得問得理直氣壯，反對的不能提出支持的證據，避而不答，就顯得遁辭知其所窮了。

行為訓練和人格訓練

人之所欲，是非對錯，大體相同，儒家的禮就是為了養欲而設的，透過禮的儀文、規條、培育，訓練我們的道德情操。

因應不同的目標，一般的訓練可以分成兩類。第一類是以行為作為訓練的最終目的，當受訓者能按吩咐、準確無誤地做出所要求做的動作，訓練便是成功的。一般訓練禽獸便是這種訓練。老虎，經過馴獸師的訓練，一聲喝令，便跳過熊熊烈焰的火圈；駿馬，受了訓練，一得指示，便循音樂旋律蹁躚起舞；觀眾都齊聲喝采，讚嘆訓練者的成功。這一類以行為作為鵠的的訓練，在這裏稱為「行為訓練」。

第二種，終極目的並不只是要求受訓者能夠無誤地做出所要求的動作，而是要建立受訓者的品格，要求受訓者所做的動作，只不過是建立他們的品格的手段而已。這種訓練通常只見諸人的訓練。訓練消防員衝過燃燒的門窗，和訓練老虎跳越火圈，表面上似乎沒有甚麼分別，然而目的卻十分不同。我們不只希望消防員接受訓練後，能在指揮官的指令下，闖過熊熊烈火。我們還希望透過這些訓練，培育消防員的機智、勇敢、判斷力……機智、勇敢、判斷力不是行動，而是品格的一部分。這種以培育品格為最終目標的訓練，在這裏稱為「品格訓練」。除了把禮誤解為只有消極的「制約」功用，不明白它還有積極的「培養」功用以外，一般人對禮還有另一個誤解。便是把禮看成「行為訓練」的規條，其實，禮，儒家是看為「品格訓練」的規條的。

如果大家還未清楚「行為訓練」和「品格訓練」兩者的分別，在這裏再舉一例：我們教育孩子，當人送他禮物，或幫了他的忙，拱手說聲「謝謝」；我們也可以訓練一隻狗，當人給牠食物的時候以後腿站起來，拱拱前肢，「汪汪」吠兩聲，像人拱手道謝似的。狗如果受訓後懂得這樣做，訓練便是百分百成功。但人不是狗，我們教育孩子不是只希望他能夠在人送禮物給他的時候，懂得做拱手道謝的動作，而是希望能夠培育孩子學習欣賞，感激他人的饋贈幫忙。倘若孩子得到別人的禮物，或幫忙後，只是機械地做出致謝的動作，完全沒有感謝之心，毫不了解這些動作後面的涵義，訓練是完全失敗的。

儒家把禮看成品格訓練，不只是行為訓練的規條，目的是要受訓者明白禮背後的道德意義，建立受訓者的道德品格。孔子說：「禮云禮云，玉帛云乎哉！樂云樂云，鐘鼓云乎哉！」（〈陽貨〉）就是指出禮樂不在於外面的儀仗：金玉的禮器、錦綉的旗旆、典雅莊嚴的絲竹鐘鼓，而是這一切後面的意義，和透過這些律例、儀式所要建立的品格。這就是孔子所以說「不學禮，無以立」。不明白背後的道理，這些禮樂就只是沒有意義的束縛。今日，孔子的教訓被忽視、譏誚，視為迂腐，就是因為歷來不少提倡孔孟之道的人，只曉得教人遵守禮的表面，忘記了，或者根本就未曾參透禮背後的道德意義。他們把禮看成行為訓練的規條，把人當成禽獸一般地教育，也便怪不得不少人把禮看成人性枷鎖了。

行為訓練和品格訓練表面相似，但實際分別很大；是人跟禽獸的分別。孟子說：

> 人之所以異於禽獸者幾希，庶民去之，君子存之。舜明於庶物，察於人倫，由仁義行，非行仁義也。〈離婁下〉

這則《孟子》，第一句指出人和禽獸的分別很細微，幾乎是覺察不到的（幾希），一般人往往忽略了這個分別，只有君子還能持守這點的不同。這種幾希的人禽之別是甚麼呢？孟子在這段話裏面好像未有回答，便把話題轉到舜去了。其實，這裏對舜的描述，便回答了問題。孟子以舜為聖人的代表，是君子中的君子，他說舜是「由仁義行，非行仁義也」，那便是君子所存，人和禽獸幾希的分別。

讀這段《孟子》，如果不感到詫異，便是讀得未夠小心。說聖人舜「非行仁義也」實在是石破天驚，令人驚訝莫名的一句話。儒家思想的重心不就是要我們行仁義嗎？孟子竟然說舜，儒家所最尊崇的三四位聖王之一，「非行仁義也」，這話怎樣說呢？

孟子說「非行仁義也」並不是對舜的行為獨立的描述，而是和「由仁義行」一句相比對的描述。如果沒有和「由仁義行」的對比，只是說「舜非行仁義也」那的確是對聖王不敬，十分叫人費解。有了對比，意義便清楚了。孟子的意思並不是說舜不行仁義，而是說舜的行為不只是「行仁義」，而是「由仁義行」。「行仁義」和「由仁義行」字面上的分別很微小，也可以說是「幾希」，後者只是多了個「由」字，把「行」字放到「仁義」一詞的後面。然而這個字面上小小的更動，卻清楚闡明了人禽之間的「幾希」之別。②

行仁義就是做合乎仁義的事。然而做合乎仁義的事可以有不同的理由、動

---

② 我覺得孟子是刻意用這個文字上的幾希之別來說明人禽間的幾希之別的。固然，我沒有證據，也很難找得證據，支持這個看法。不過前人用詞遣字，往往頗具匠心，如果我在這裏的推測是對的話，便是個很好的例子了。

機。且不說不道德的動機，如騙取別人的信任，賺取他人的讚賞……等等，不少時候一個人做合乎仁義的事只是因為害怕受罰，或者不想與人不同，便勉強跟着羣眾走。這種行仁義，沒有道德價值，受過訓練的禽獸也做得到。一隻狗可以在人給牠食物的時候，拱拱前肢，好像向人致謝，但這是不是表示那隻狗懂禮貌，存感激？在雪山上，冒雪崩之險、捨命救人的聖伯納狗（Saint Bernard）是不是真的有捨己的勇氣？沒錯，牠們的行為是禮貌的行為，勇敢的行為，然而牠們很可能只是為了完成行動後的獎賞（或避免不遵命所受到的懲罰），壓根兒不知道甚麼是禮貌、責任和勇氣。牠們是「行仁義」，但儒家對人的要求是高一個層次，除了行仁義外，還要人「由仁義行」——行為是出於道德的考慮，基於仁義的原則。

《論語・為政》：

子曰：「道之以政，齊之以刑，民免而無恥；道之以德，齊之以禮，有恥且格。」

在討論法家一章時已經指出過，民免而無恥的社會，和民有恥且格的社會表面上是沒有分別的。兩個社會裏面的人民，都奉公守法，不作奸犯科，然而儒家要達到的是後者，民有恥且格的社會。因為前者，民免而無恥的社會，人民只是「行仁義」，知其然——知道應該怎樣做，卻未知其所以然——不知道為甚麼應該這樣做。而後者，民有恥且格，卻是「由仁義行」，人民明白是非，以不道德為恥，甘心服從道德的守則。

前者是以「政」，也就是政治、社會表面的安定繁榮為目標；後者是以「德」，個人的道德操守為鵠的。這並不是說儒家不要社會安定，只是儒家認為如果達到這個目的所用的手段，不以人的品德為基礎，結果是不能持久的。手段方面，前者是靠賴刑，刑是阻嚇；後者卻是以禮，禮是誘導。韓非在〈顯學〉篇說得很清楚：「夫聖人之治國，不恃人之為吾善也，而用其不得為非也。」刑是依仗懲罰，叫人不敢為非；禮是導人明白事理，自願選擇為善。鄭子產鑄刑鼎，叔向不以為然給子產寫了一封信：

先王議事以制，不為刑辟。……閑之以義，糾之以政，行之以禮，守之以信，奉之以仁，制為祿位，以勸其從。

「閑之以義……以勸其從」便是希望不只建立一個「免而無恥」的社會，而是建立一個「有恥且格」的社會，方法是教（閑）人民道理，引導他們（勸）自願服從。《荀子・議兵》：

非貴我名聲也，非美我德行也，彼畏我威，劫我勢，故民雖有離心，不敢有畔慮。若是則戎甲愈眾，奉養必費。是故得地而權彌輕；兼人而兵愈弱，是以力兼人者也。

〈議兵〉說的雖然是有關國與國之間的關係，指出以軍力征服外國的危險。但同樣的原則也適用於內政：統治階層與人民間的關係。靠刑罰來阻嚇，使人民就範，人民不反畔（反叛），只是因為懼怕。一旦執政者力量不足以控制，人民的反叛一發便不可收拾了。所以恃力服人的統治者必須不斷維持足以壓服羣眾的武力，人民越多，不滿情緒越高，需要鎮壓人民的武力越強，手段越硬。可是鎮壓力越大，人民的不滿、反抗也越大。這個惡性循環至終導致人民忍無可忍，與統治者不共戴天，「時日曷喪，予及汝俱亡」的敵對、仇視，以流血、殺戮告終。這些悲劇，歷史上，不分中外，屢見不鮮。荀子〈議兵〉的結論：「以德兼人者王，以力兼人者弱，……古今一也。」孔子的理想是一個「道之以德，齊之以禮，民有恥且格」的社會就是這個理由了。

禮的道德意義

禮制不是儒家所釐定的，卻是儒家所維護的。儒家對禮制最大的貢獻是他們維護禮制的時候不只是維護禮的行為，而是為所有的禮儀、整個禮制冠上道德的意義。他們不止要求人人守禮（行仁義），還有高一層次的要求，要求人人明白禮的意義，自動自覺地守禮（由仁義行）。

下面，我們舉一兩個例來說明儒家怎樣把禮的行為和道德意義連結起來。

周代的「射」，也就是射箭，非常重要。它是六藝——禮、樂、射、御、書、數——之一，同時也是一個重要的禮儀，無論在外交場合，國君和羣臣的宴會，地方官和民眾的集會，舉行祭祀儀式，往往都有射這個項目。根據《禮記・射義》：「射者，所以觀盛德也。是故古者天子以射選諸侯、卿、大夫、士。射者，男子之事也。」古代選立諸侯、大夫、卿士往往都是透過射來決定的。

射在古代這樣重要，大概因為在三、四千年前的社會，怎樣運用弓箭，是保護家園免受野獸的侵害，出外獵取肉食必要的技倆。在當時已經男女分工的社會，男主外，[3]所以《禮記》說：「射者，男子之事」，在集會、飲宴、祭祀這些大場合，加入了射這個項目以表重視，以示提倡。然而，儒家提到射禮，卻不是溯其源起，也不強調它在生活上的實用價值，而是強調它的道德意義。孔子說：「君子無所爭，必也射乎？……其爭也君子，」〈八佾〉君子如果有甚麼爭執，孔子認為必須採取比賽射箭時的態度。射箭競賽是怎樣的一個態度呢？

> 子曰：「射有似乎君子，失諸正鵠，反求諸其身。」《禮記・中庸》
>
> 孟子曰：「……仁者如射，射者正己而後發。發而不中，不怨勝己者，反求諸己而已矣。」《孟子・公孫丑上》
>
> 射者，……內志正，外體直。然後持弓矢審固。持弓矢審固，然後可以言中，此可以觀德行矣。《禮記・射義》

根據這幾段儒家經典引文，從射藝我們可以學習下面的德行：

首先，勇於承擔，不諉過於人。其他的競賽，失敗了可以推賴對手衝撞，不守規矩，評判不公。然而，射箭，就只是自己對着箭靶。過程沒有對手的騷擾，中的與否，有目共睹，絕對透明，沒有評判的主觀因素。如果失敗，射者只能自我檢討，尋求改進。

其次，射箭的時候，身體要筆直，精神要集中，要緊盯目標（審固）。這是待人處事的模範態度。待人恭敬，正直；處事盡心，認真；態度嚴肅，專注。對人輕慢，處事疏忽，態度隨便，心有旁騖，那便不能達到目的。

射禮開始的時候大抵沒有這些道德的意義，為禮儀，不止射禮一項，灌上道德的意義，把禮儀當成道德行為的操練，是儒家所獨創。我們再看另一個例子。

喪禮是儒家所重視的大禮，《禮記》有關喪禮的篇章特別多。喪禮之受重視固然有它宗教的背景、社會的因素，然而儒家卻為它注入了道德的理由。曾子說：「慎終追遠，民德歸厚矣！」（《論語・學而》）「慎終追遠」這四個字最能道出儒家重視喪禮的理由。

有人以為在這則《論語》，「慎終追遠」指的就是喪禮，是喪禮的代名詞。劉寶楠的《論語正義》中對這則《論語》的注釋有：「孔曰：『慎終者，喪盡其哀；

③「男」字三千多年前已經出現，是從「田」，從「力」，在田野（户外）勞動的意思。如果造這個字的時候，男女尚未分工，主外的並非大多數是男性，絕對不會造出這個「男」字。

追遠者，祭盡其敬。』」便是一例。④這個傳統的解釋，其實是誤會了這則《論語》的意思。我們應該按照字面的意思解釋這則《論語》。「終」是指事情的完結；「遠」是指人事間的距離大。人際關係最易出毛病就是瀕臨終結的時刻。《詩經・大雅・蕩》：「靡不有初，鮮克有終」，清詞人納蘭性德：「人生若只如初見，何事秋風悲畫扇」，所表達的是同一道理：人事關係開始的時候往往很好，然而有好結束的便不多見了。時空的距離也是影響人際關係的重要因素，在時空上距離近的人和事，我們很留心照顧，然而「漸行漸遠漸無書」，終於無影無蹤，「水闊魚沉何處問，」似乎自古如斯，很少例外。儒家要我們慎終追遠，就是要我們好好學習做人，學習正確地處理人事。慎終，就是對事情的終結要格外謹慎、小心；追遠，就是對在時間或空間上離開我們很遠的人和事，要好好記念，不輕慢疏忽。死亡是最決定性的終結，死了的人和我們幽明兩隔，也是離開我們最遠的。從喪禮我們學習怎樣謹慎處理最具決定性的終，怎樣看待離開我們最遠的人事，慎終追遠，那麼待人處事便不致淪於涼薄，民風自然變得淳厚。如果「慎終追遠」指的是喪禮，為甚麼曾子不直接明說對父母之喪要極盡哀敬，民德歸厚呢？為甚麼重視喪禮，民風便會因此淳厚呢？這則《論語》也便不容易解釋了。

《荀子・禮論》：「生，人之始也；死，人之終也。終始俱善，人道畢矣。故君子敬始而慎終，終始如一是君子之道，禮義之文也。」這位先秦時代最後一位大儒談到怎樣對待生和死的時候，強調的是從中學習敬始慎終，因為懂得終始如一，便人道畢矣——懂得做人的道理了。除了學習敬始慎終之外，荀子認為喪禮也幫助我們體會追遠。對喪禮苟且馬虎，荀子說：「夫厚其生而薄其死，是敬其有知而慢其無知也。」（〈禮論〉）因為死人不知不覺，像那些離開我們遠的人一樣，看不到，知道得不清楚，所以為他們辦事也便不盡心。這種態度，荀子認為「是姦人之道而倍叛之心也。」生只是始的一種，死也只是終的一種；生是一種的近，死是一種的遠，荀子討論喪禮，重點並不是在生死，這一種特別的始終遠近之上，而是超越生死，透過對待生和死這一種特別的始終遠近，學習慎終追遠，對一切所有都終始如一、遠近無別之道德原則。後儒把「慎終追遠」解成單指喪禮，當成喪禮的代名詞，是把個別的案例視為案例所要顯示的通則，興味索然。

---

④ 近人楊伯峻都認為慎終追遠指的是喪禮。他的《論語譯注》是這樣翻譯「慎終追遠」的：「謹慎地對待父母的死亡，追念遠代的祖先」，在注釋裏面，他說：「鄭玄的注：『老死曰終。』可見這『終』字是指父母的死亡。」

「義襲」和「集義」

為當時的儀禮灌上道德的意義，今日有人也許會批評為穿鑿附會，不是正確的科研態度。然而，就道德教育方面而言，把當時人所熟悉的日常生活習慣、禮儀，注入道德的涵意，經常提醒他們行事為人應該有的態度，卻是十分有創意的教育方法。要大眾不只「行仁義」，還懂得「由仁義行」，是需要浸淫培育的。浸淫培育最好的方法莫過於透過日常的活動了。強身健體，我們可以定時到健身室運動操練，但如果把健身室的運動融入日常生活裏面：多走路，少坐車；走梯級，少用電梯……，那更有效。道德訓練，也是同樣道理，沒有道德健身室讓我們到那裏鍛鍊，也不能靠每天行一兩小時仁義，便可以取得成果。

孟子的弟子問孟子何謂「浩然之氣」，孟子說：

難言也。其為氣也，至大至剛，以直養而無害，則塞於天地之間。其為氣也，配義與道。無是，餒也。是集義所生者，非義襲而取之也。〈公孫丑上〉

浩然之氣，按孟子的解釋也就是仁義之境。培養浩然之氣就是盡力操練，準備自己達到仁義的境界。養浩然之氣「是集義所生」，並不是「義襲而取之」的。

「集」就是聚集的意思，「襲」是突擊的意思，突擊就是非經常，只是偶然發生一兩次。孟子在這裏說的是，浩然之氣是由正義的經常積累所產生的，不能靠偶然一兩次的正義行為所能取得的。⑤仁義的境界不是一兩次偶然行仁義可以達到，而是需要經常由仁義行，累積仁義的行為所培育出來的。

在另一處，孟子說：

> 矢人豈不仁於函人哉？！矢人唯恐不傷人，函人唯恐傷人。巫匠亦然。故術不可不慎也。〈公孫丑上〉

孟子認為選擇職業必須謹慎，也就是因為「浩然之氣」是「集義所生」的緣故。我們的思想、品格往往受我們的職業要求影響，因為我們往往想着自己的職業，千方百計要把所做的工作做得更好。造箭的（矢人）為了要把箭造得更好，思想集中在怎樣增強箭的殺傷力，把箭做得更有效，能更嚴重地傷害他人。反過來，造盔甲的（函人），因為職業的要求，常常思想怎樣能夠增強盔甲的保護力，

⑤ 楊伯峻，《孟子譯注》（北京：中華書局，一九六〇年）。

幫助披甲者免受傷害。造箭、造甲都是正當的職業，孟子不是說函人的品德一定比矢人的好，勸人不要選擇造箭為職業。在當時，箭是很重要的商品，不可能沒有造箭的人。他只是提醒大家，造箭的日出日入，經年累月，因為職業的要求，思想受到道德的負面衝擊（怎樣傷人）遠遠超過函人，因此對矢人持守道德的能力要求也便高了。選擇矢人為業，需要考慮道德上是否受得起這種衝擊。從這裏我們看到，儒家（這裏以孟子為代表）對日常生活行為怎樣影響個人的道德，也就是集義，是如何地重視了。

儒家為禮的儀式、條文，灌上道德的意義，把謹守日常生活的禮儀當成道德行為的操練，着意於養欲，培養有恥且格的人。《論語・八佾》：「子入太廟，每事問。或曰：『孰謂鄹人之子知禮乎？入太廟，每事問。』子聞之，曰：『是禮也。』」孔子入到太廟，看到每一個拜祭的儀式都問問題。雖然《論語》沒有記載他問的是甚麼，看來他看到每一個儀式都問：「為甚麼要這樣？」「這些儀式有甚麼意義？」旁人因此譏諷孔子說：「這個孔某究竟懂不懂禮法？見到每樣事都要問。」孔子回答這些人的譏諷說：「弄清楚每一個儀式所要表達的意義，才是禮真正重要的地方。」只是按本子辦事，知其然，而不知其所以然，就是在禮儀上半點都沒有出錯，不算知禮；必須對所有禮儀都尋求知其所以然，明白禮儀背後的道德意義，才能算是真的知禮。從道德教育方面而言，把當時人所熟悉的日常生活習慣、禮儀，注入道德的涵意，經常提醒大眾行事為人應該有的態度，幫助他們集義，培養他們的浩然之氣，引領他們臻達仁境，是儒家別具慧眼，十分有效的培養仁義的方法。

孝：道德行為的模式

除了仁和禮，儒家思想裏面另一個重要的概念是孝——父母親跟子女的關係。

孟子認為浩然之氣，也就是理想的道德品格，並不是襲義，靠偶然一兩次的妙悟、操練而得，是集義而成的，必須經常實習、累積。就如鍛鍊身體，間中到健身室運動三兩小時，其他時間獃在家裏吃零食，看電視，一曝十寒，是沒有甚麼大用的，所以專家建議，把鍛鍊身體的運動融入日常生活裏面收效更大。比如，路程如果不超過一哩，不坐車，走路；五十級以下的階梯，不靠升降機，用自己的腿……儒家對人的道德訓練持同一的看法：透過日常生活的行為培養道德的人格。一般人的生活一半的時間是在家，特別是孩提，還未到社會工作的時期，更是以在家的生活為主了。家庭也便成了儒家道德訓練的理想場所。

道德培養所執之柯

除了找到理想的道德訓練場所之外，詩云：「執柯伐柯，其則不遠。」（《詩經・豳風・伐柯》）意思是拿着一把斧頭去做另一把斧頭，模式就在眼前，只要看看執在手中的斧頭，便知道要做的另一把是甚麼樣子。儒家的道德訓練，還希望能夠給所有人找到一個標準。換言之，儒家要為道德訓練找一把人人皆持在手中的柯。如果同時能夠證明這個標準是所有人一定有能力做得到的，那就更加理想了。

儒家道德訓練「執柯伐柯」原則的應用，從《孟子・梁惠王上・齊桓晉文章》裏面記載齊宣王和孟子的對話便可以看得清楚。齊宣王問孟子怎樣才是個好的君主。孟子回答，愛護人民的就是好君主。齊宣王繼續問，像他這樣的人是否能夠愛護人民呢？孟子回答說能夠。齊宣王請孟子提出證據。孟子的回答，便是〈齊桓晉文章〉最膾炙人口、最為人知的一段：

臣聞之胡齕曰，王坐於堂上，有牽牛而過堂下者，王見之，曰：「牛何之？」對曰：「將以釁鐘。」王曰：「舍之！吾不忍其觳觫，若無罪而就死地。」對曰：「然則廢釁鐘與？」曰：「何可去也，以羊易之。」不識有諸？

曰：「有之。」

曰：「是心足以王矣。百姓皆以王為愛也，臣固知王之不忍也。」

王曰：「然。誠有百姓者。齊國雖褊小，吾何愛一牛？即不忍其觳觫，若無罪而就死地，故以羊易之也。」

曰：「王無異於百姓之以王為愛也。以小易大，彼惡知之？王若隱其無罪而就死地，則牛羊何擇焉？」

王笑曰：「是誠何心哉？我非愛其財而易之以羊也。宜乎百姓之謂我愛也。」

曰：「無傷也。是乃仁術也。見牛未見羊也。君子之於禽獸也，見其生不忍見其死；聞其聲不忍食其肉。是以君子遠庖廚也。」

孟子的證據是他聽到有關齊宣王的一個小故事。一次，宣王看到從僕牽着一頭牛在他面前經過。牛掙扎不前。當宣王知道牛是因為慶祝新鐘鑄成的儀式被牽往祭壇宰殺，便說：「放了牠吧。我看到牠觳觫不前，好像知道快要被屠殺的樣子，心裏實在不忍。」牽牛的人問：「那麼新鐘鑄成的儀式是不是便取消呢？」宣王說：「那怎可以取消，換過一隻羊吧。」

在解釋為甚麼這個小故事就是齊宣王可以成為保民的仁君的鑿證之前，孟子問宣王：

有復於王者曰：「吾力足以舉百鈞，而不足以舉一羽；明足以察秋毫之末，而不見輿薪，」則王許之乎？

曰：「否。」

得到宣王否定的回答，孟子便解釋為甚麼宣王不忍見牛觳觫若就死地，要換一隻羊代替，便證明了他可以作保民的仁主了。

今恩足以及禽獸，而功不至於百姓者，獨何如？然則一羽之不舉，為不用力焉；輿薪之不見，為不用明焉；百姓之不見保，為不用恩焉。故王之不王，不為也，非不能也。……老吾老以及人之老，幼吾幼以及人之幼，天下可運於掌。詩云：「刑于寡妻，至于兄弟，以御于家邦。」言舉斯心加諸彼而已。故推恩足以保四海，不推恩無以保妻子。古之人所以大過人者，無他焉，善推其所為而已矣。今恩足以及禽獸，而功不至于百姓者，獨何如？

要證明某人有能力做某件事，最強的證據莫如他曾經做過同類，甚至更難的事。某人能夠力舉百鈞，一定能夠舉起一根羽毛，因為同是舉，前者比後者重多了。同樣，一個人能看到動物身上剛長出來的細毛的毛尖，也定能看見滿載木頭的大卡車，因為後者較諸前者實在太容易了。既然曾經做過，比現今要做同類、但難得多的事，如果推搪說沒有能力做，也就無法叫人入信。在上面的故事，宣王極力否認他把羊換牛，以小易大，是因為吝惜價錢，只是不忍見牛可憐的樣子。這就表現出宣王是有愛心的，而且所愛的不是人，是比人的價值更低，感情上比人疏離的畜牲——牛，因此他絕對有能力愛比牛更有價值、更親密的人。只要他把曾經表現在不忍牛一事上的愛，推諸百姓就是了。

這就是「執柯伐柯」原則運用最好的範例。孟子訓誨齊宣王要行保民的仁政，並且還為他找到他愛牛的表現作為他保民的標準：他見牛將就死地的觳觫所生的不忍，便是執在手中的柯，而要伐的新柯，便是保民的仁政的模式。齊宣王既然曾經對牛動過不忍之情，那便證明了他有惻隱的仁端，如果他不行仁政、不愛齊國的人民，只是不肯做，並非沒有能力做。孟子這個論證是十分強而有力的。

然而。齊宣王的故事只是一個特例。見牛將就死地的觳觫而不忍，是齊宣王個人的一個特殊經驗。不是每個人都有齊宣王的經驗，都見過牛觳觫將就死地可憐的樣子，而動過惻隱之心的。這個宣王所執之柯，並不是人所共執，通用於所有的人。可是儒家仁人的理想是為所有人的，他們希望所有人都能夠成為道德上的仁人君子，因此他們希望找到一個超越時空：任何時間，任何地方，任何人都可以明白，都曾經體驗過，都執在手中的柯——道德模式。這個模式既然是跨越時空，人人都經驗過，如果再有人表示儒家的道德要求，仁人的理想太高，沒有辦法做得到的時候，他們便可以像孟子對齊宣王一樣，理直氣壯地對他們說：「同類，甚至更難的事，你們都曾經做過，因此並不是仁人理想太高，超越了你們的能力範圍，只是你們不肯做而已——是不為也，非不能也。」儒家找到超時空，古今中外所有人，都經驗過，都擁有過，執在手中，仁人君子行為的模式，便是孝弟，特別是孝。儒家認為我們每個人對父母都有一種特別親愛、尊敬的感情，那就是孝。孝不是後天教育的成果，而是與生俱來，每個人都體驗過、表現過、擁有過的感情。是仁人處事待人的模式。

子曰：弟子入則孝，出則弟，謹而信，泛愛眾而親仁。行有餘力則以學文。《論語・學而》

以日常家庭生活為道德訓練場地，視孝為所有人都執在手中的道德之柯，理想處事待人的模範，學習把孝這種感情向外推展。從孩提時期開始，切切實實（謹而信）地在家裏實踐孝弟（悌）。把孝弟的行為從對待自己的家人，推及到對待其他人（泛愛眾），逐漸的接近仁境。以對家人的孝弟為本、為起點，一直推展出去，老吾老以及人之老，幼吾幼以及人之幼，那便是儒家培育仁人的整個程序，也是它思想最精闢與眾不同的一面。

「天合」和「人合」的關係

儒家把人與人之間的關係分為五大類，也就是五倫：父子、君臣、兄弟、夫婦、朋友。在這五倫中，父子、兄弟兩倫，他們之間的關係：孝和弟，在儒家思想中最為特別。因為五倫，又可以再分為「天合」、「人合」不同的兩類。「天合」的關係，是上天所賦予，由不得人自己選擇、決定；「人合」的關係，是人自己選擇、決定的。「人合」的關係既然是人自己選擇，所以不一定人人都有，只有「天合」的關係才有普遍性，才適宜當所有人的道德之柯。五倫中，朋友一倫不是「天合」，不用多解釋了。就是君臣、夫婦兩倫在傳統儒家思想中都不是天合。

二千多年前，周末的思想家囿於時，公開宣稱君臣關係不是天合，可以改變，不必一定接受，那是冒天下之大不韙，未有人敢做，但孟子已經有過這樣的表示了。

（齊宣王問）曰：「臣弒其君可乎？」

（孟子對）曰：「賊仁者謂之『賊』；賊義者謂之『殘』。殘賊之人謂之『一夫』。聞誅一夫紂矣，未聞弒君也。」《孟子・梁惠王下》

齊宣王問孟子：「臣子可不可以弒殺國君呢？」他這個問題把孟子陷於一個十分危險的窘境，一不小心，便會招來殺身之禍。孟子的回答很聰明，也很勇敢。他說：當國君背棄了國君的責任，不仁不義，在這種情況下是可以把他誅殺的。因為理論上，他既然沒有盡君主之責，名存實亡，已經不再是國君，變成獨夫了。雖然君不可弒，但獨夫可誅。這裏孟子是在玩文字遊戲，他的答案其實十分大膽，戳穿了就是：弒君是可以的。但在當時的社會，卻不能說得這樣直截了當，否則性命難保，所以這樣轉彎抹角。從孟子認為君可弒看來，儒家並不以君臣的關係是天合，而是可以因為人的行為而改變的。

至於夫婦，雖然今日不少以「天作之合」描寫夫婦關係，那只是祝禱、讚美之詞，夫婦一倫，按中國傳統思想並不是天合。今人認為夫婦關係是天合的，多是受了基督教對婚姻看法的影響。

那起初造人的，是造男造女，並且說：「因此，人要離開父母，與妻子結合，二人成為一體。」……既然如此，夫妻不再是兩個人，乃是一體的了。所以神配合的，人不可分開。《新約聖經》馬太福音十九：四—六

傳統中國思想並不以為夫婦的關係是天合的，從下面一段《左傳・桓公十五年》可見：

祭仲專，鄭伯患之，使其婿雍糾殺之。將享諸郊。雍姬知之，謂其母曰：「父與夫孰親？」其母曰：「人盡夫也，父一而已，胡可比也。」遂告祭仲曰：「雍氏舍其室而將享子于郊，吾惑之，以告。」祭仲殺雍糾，尸諸周氏之汪。

鄭國的國君不滿大臣祭仲專權，和祭仲的女婿雍糾密謀在郊外宴請祭仲的時候把他殺掉。事情給祭仲的女兒，也就是雍糾的妻子雍姬知道了。雍姬在父親和

丈夫之間不曉得如何取捨，走去問她的母親：「丈夫跟父親哪一個更親呢？」她的母親說：「世間的人都可以選作丈夫，而父親卻是獨一無二的，兩者哪裏可以比較？」雍姬便向父親告密。結果祭仲先發制人把雍糾殺了。

故事裏面我們要留心：「人盡夫也，父一而已」一句。父比夫重要，兩者不能相比。因為天下間所有男女都可以選擇為夫或為婦，那就是說夫婦關係是人合的。然而父子（應該說父母子女）卻是唯一的，天安排的，人無從選擇，是天合的。

五倫中，只有父子、兄弟才是天合，由不得人選擇。而孝（父子關係）弟（兄弟關係）之間，儒家特別重視孝，因為雖然兩者同屬天合，但不是每個人都有兄弟，弟不能是每個人手中都持有的柯。嚴格說來，父子關係不只是孝，而是孝慈：子對父是孝；父對子是慈。儒家強調孝，也是同一理由，不是每個人都有子女，有一生沒有結婚的，有不育的，可是所有人都一定有父母。孝，對待父母的特別感情是每個人都必定有的經驗，是每個人手中都一定持有的柯，為學習正確的人際關係找一個人所共有的起點，孝便最符合儒家的要求。

二十世紀初，中國幾被西方列強瓜分。不少中國人把中國的積弱，歸咎於中國的傳統思想缺乏西方平等、民主、科學的精神。儒家思想自漢以來便被獨尊，對中國影響至大，更成了批評的主要對象。倫常的思想，有論者以為除了「朋友」一倫關係平等外，其他四倫都有差等，有乖平等的原則。因此思想較激進的對儒家強調孝：父子關係，大不以為然。戊戌政變殉難的六君子之一，譚嗣同（一八六五年至一八九八年）便是一例。在他所著的《仁學》他說：

君臣之禍亟，而父子、夫婦之倫遂各以名勢相制為當然矣。此皆三綱之名之為害也。名之所在，不惟關其口，使不敢昌言，乃並錮其心，使不敢涉想。愚黔首之術，故莫以繁其名為尚焉。君臣之名，或尚以人合而破之。至於父子之名，則真以為天之所合，卷舌而不敢議。不知天合者，泥於體魄之言也，不見靈魂者也。子為天之子，父亦為天之子，父非人所得而襲取也，平等也。且天又以元統之，人亦非天所得而陵壓也，平等也。莊曰：相忘為上，孝為次焉。相忘則平等矣。

五倫中於人生最無弊而有益，無纖毫之苦，有淡水之樂，其惟朋友乎。顧擇交何如耳，所以者何？一曰：平等；二曰：自由；三曰：節宣惟意。總括其義，曰不失自主之權而已矣。兄弟於朋友之道差近，可為其次。餘皆為三綱所蒙蔽，如地獄矣。

亦惟明四倫之當廢，然後朋友之權力始大。今中外皆侈談變法，而五倫

不變，則舉凡至理要道，悉無從起點，又況於三綱哉！《仁學三十四、三十五》

孝慈：父子間天合的感情

譚嗣同認為就生物學（體魄）而言父子關係的確是天合，但父子之間的關係，儒家所倡的孝慈，子怎樣對父，父如何待子的差等關係，他卻不接受是天合的。儒家認定父子間的倫常關係也是天合，天經地義不容改變，乃是把父子的肉身關係，推到精神道德層面：「泥於體魄，不見靈魂者也。」他認為父和子都是天之子，（用今日的術語：都是自然界的生物，）在精神層面是平等的，兩者沒有必然要維持的關係，可以相忘，而且應該以相忘為上，因為這才是平等。

持譚嗣同這樣看法的人，其實有一個未說出來的前設：個人的存在先於任何羣體（兩個人是最小的羣體）。所有羣體都是由個人組成的。沒有個人，不會有羣體。個人，先天上，不屬於任何羣體，不是任何羣體的成員。羣體是由個人後天自由組合而成的，有因為功利的理由：例如工會，先有工人，後有工會。組織工會，因為工會對爭取個別工人的利益有幫助；也有出於感情的，好像夫婦，因為兩情相悅，結成夫婦；朋友，因為意氣相投，遂成莫逆。羣體裏面的個人，彼此之間，和與該羣體之間的關係，都是由個人決定，個人選擇，也可以由個人改變。

儒家的看法卻不是這樣。不錯世間絕大部分的羣體是個人自由組成的，它們的存在和重要都在個人之後。然而，儒家相信世界上沒有不屬任何羣體、卓然獨立的個人。不屬任何羣體的個人只是理論上虛構的觀念，事實上是不存在的。世間有一個羣體，人一生下來就是該羣體的成員，便和該羣體其他的成員有不能分割的關係，天生的特別感情。這種關係、感情成了個人質性中的重要部分。人生下來便只能以該羣體的成員身分存在，具有和該羣體其他成員天賦的特別感情。這個人一生下來便是其中一分子的羣體，就是家庭；羣體的成員便是個人的父母，有時包括兄姐。每個人生下來就是他家庭的成員，家庭的一分子，天下間沒有生下來沒有家庭的個人，這樣的個人是不可能活下去的。他和他家庭其他成員的關係、感情，是他個人先天質性不能分割的部分，這種關係、感情就是建立理想的人際關係，人人都執有的柯。這種家庭成員間的關係，是親愛的，有差等的。

很多人知道孟子以見孺子將入於井，人皆有惻隱怵惕之心為人皆有仁端的證據，然而孟子另一個與此相類，有關孝、愛有差等的論證，提及的人卻是比較少。那就是《孟子・滕文公上》記載，孟子回應他的弟子徐辟和屬於墨家的夷子（夷之，生平已不可考）的對話時所提出的：

夷子引用孟子見孺子將入於井的例，說：「儒者之道，古之人若保赤子，此言何謂也？之（夷之自稱）則以為愛無差等，施由親始。」意思是：不錯，每個人都有仁端，從儒家提出保赤子之心可見。然而這個仁端是無分親疏、一視同仁的。我們只是從近親先開始實行而已，並不表示仁愛有差等，對家人的孝慈和對他人的愛有別。

孟子回答道：

夫夷子信以為人之親其兄之子為若親其鄰之赤子乎？彼有取爾也。赤子匍匐將入井，非赤子之罪也。……蓋上世嘗有不葬其親者，其親死，則舉而委之於壑。他日過之，狐狸食之，蠅蚋姑嘬之。其顙有泚，睨而不視。夫泚也，非為人泚，中心達於面目，蓋歸反虆梩而掩之。掩之誠是也，則孝子仁人之掩其親，亦必有道矣。《孟子·滕文公上》

見赤子匍匐將入於井而生惻隱之心，是人對「無罪而入死地」的一般正常反應。這惻隱之心是人有仁端的證據。是無差等、無親疏的。孺子是無罪的，孺子將入於井代表了一切無辜而受害的，人對無辜一類，不分親疏，甚至如齊宣王故事顯示，人獸無別，都會不忍。「無辜」在這裏成了齊一的因素，其他的分別都變成次要了。但對無辜之人的同情無分彼此，並不表示對所有人的愛都無分彼此，都沒有差等。回應夷子的話，孟子提出了愛有差等的證據。

上古時代的人，父母親死了，有把他們的遺體丟在野外的溝壑。後來經過，看到父母的遺體佈滿蠅蟲，任由野獸撕吞，便一額汗水，慚愧得不敢直視，趕忙返家攫取或鋤或鏟，回來把父母的遺體好好遮蓋、埋葬。他們這樣做並非為了邀譽他人，的確是誠誠實實地發自內心的。孟子說：「掩之誠是也，則孝子仁人之掩其親，亦必有道矣」：孝子仁人這種誠實地發諸內心，趕忙去埋葬父母的行為，是必定有它的道理的。

孝子仁人這個發自內心的行動，和見孺子匍匐將入於井的怵惕之心不同，是有差等的。他們「其顙有泚，睨而不視。……歸反虆梩而掩之」是掩其「親」，見到陌生人的遺體，見到牛羊的遺體，他們是不會有這樣的反應的。他們可能因為衞生的緣故 —— 討厭它的臭味，招惹蟲蟻鼠狐，所以把它掩蓋，但卻不會是因為心中感到愧欠。感到咎歉，「其顙有泚，睨而不視」，是只有對至親者才有的反應。這種因親疏而不同的感情是天賦的，我們不只因為它有別，而視之為不平等的惡事，反而應該肯定它的價值，培養、發展這種感情。因為就像討論墨子的時候說過，平等、兼愛必須有一個標準，必須向上，有提升性地兼，這天賦的、對父母至親和對他人不同、有差等的愛，便是向上提升的兼的標準。

法理之直和人倫之直

房子起火，一個重逾五十公斤的少年，一個重不過十公斤的嬰孩，困身火海。某甲只能救其中一個，甲捨易圖難，救前者，犧牲後者。因為前者是他的獨生子，而後者卻是他不認識的；某乙的經濟能力只容他供一個人上學，乙自己的兒子只不過中智之資，鄰居的孤兒卻是聰明好學，卓爾不凡。乙供自己的孩子，任由鄰居的孤兒失學。甲和乙的行為是自私的，該被譴責？抑是合乎天理人情？儒家思想認為甲和乙的行為是合乎道德、天經地義的。不同意上述甲和乙的行為的人大概不多，然而，親疏有別，對親人和陌生人的待遇不一樣這個原則，卻不是人人同意，甚至孔孟的門人弟子，歷代不少注經大儒，不自覺之間，對這一點都表示有點難以接受。

葉公語孔子曰：「吾黨有直躬者，其父攘羊，而子證之。」孔子曰：「吾

黨之直者異於是。父為子隱，子為父隱，直在其中矣。」《論語‧子路》

這段《論語》，文字上一點也不難明白，然而歷代注家都曲為解說，可見它為注者帶來不少困惑，因為他們不能誠實地認同孔子「父為子隱，子為父隱」，有直在其中。這段《論語》文字實在太簡單了，比較不常用的就只有一個「攘」字，所以曲為解說的都從這個字入手。《論語集解》周（烈）曰：「有因而盜曰攘」；《皇（侃）疏》：「攘，蓋他人物來己家而藏隱取之。」無論周日，抑皇疏，都沒有提出他們對「攘」字這樣解釋的支持證據。大概也找不到其他的支持證據。

「攘」字在《論語》只此一見，在《孟子》出現了三次。除了〈盡心下〉「馮婦攘臂下車」句的「攘」字意義和盜竊無關，在此不論。其餘兩次出現於同一故事：

今有人日攘其鄰之雞者。或告之曰：「是非君子之道。」曰：「請損之。月攘一雞，以待來年，然後已。」如知其非義，斯速已矣，何待來年？〈滕文公下〉

有人每天都「攘」他鄰居的一隻雞。別人對他說：「你這個行為不是正人君子的行為。」他說：「那我便改為每月『攘』一隻，直到明年才完全停止吧。」孟子的按語：既然知道自己（攘雞）的行為不對，便應該儘快改過，為甚麼要等到明年才完全停止呢？

這裏的「攘」字很清楚只是偷盜的意思；「有因而盜」，「他人物來己家而取之」的解釋都不適用。每日都有因而盜鄰舍的雞，或鄰舍每天都有雞走到他家讓他隱藏取之，都是滑稽可笑，難以接受的。周日、皇疏對「攘」字的曲解，主要理由只是把攘羊解成可以原諒的小罪，令父子相隱比較容易接受。他們寧願創造「攘」字這些不合理的解釋，因為他們認為這比「父子相隱，直在其中」更易接受。父子相隱，直在其中的道理對他們的困擾由此可見。

其實《論語．子路》這一段，我們無須曲為解說。「攘」羊就是偷羊。孔子的確是認為父子相隱的行為，有直在其中。不過，讀這段《論語》有兩點要明白清楚：

第一，孔子並沒有認為直躬證父偷羊的行為不對。他說：「吾黨之直者異於是。」「異」就是不同，孔子只是說，我們的所謂「直」跟直躬的「直」不同。他沒有批評直躬之直不是直，沒有加孰是孰非、孰優孰劣的價值判斷。他只是說直躬子證父非之直，在這裏稱之為「法理的直」，不是唯一的直，只是直的一種。

其次，孔子也沒有建議我們必須父子相隱，他只是說父子相隱「直在其中矣。」從子為父隱，父為子隱的行為中，我們可以認識到、體悟到另一種直，在這裏稱為「倫理的直」，這種有異於直躬所為的直，我們也需要認識、尊重。

如果法理上的直和倫理上的直相互衝突矛盾的時候怎樣取捨呢？在《論語》裏面找不到清楚的答案，要在《孟子》裏面才找得到。

兩直衝突如何取捨？

桃應問曰：「舜為天子，皋陶為士，瞽叟殺人，則如之何？」

孟子曰：「執之而已矣。」

「然則舜不禁與？」

曰：「夫舜惡得而禁之？夫有所受之也。」

「然則舜如之何？」

曰：「舜視棄天下猶棄敝蹝也。竊負而逃，遵海濱而處，終身訢然，樂而忘天下。」《孟子‧盡心上》

根據趙岐的注，桃應是孟子的弟子，他對有關孝的理論有很大的疑問。他問孟子：假使舜的父親殺了人，舜會怎樣處理呢？也就是如果兩「直」，法理上的直和倫理上的直之間有了矛盾，衝突的時候，聖人會如何取捨呢？

孟子認為舜不會因為父慈子孝便可以廢除法律。他雖然貴為天子，但父親殺了人，他不會干涉臣下皐陶合法的行動，不會要求不逮捕他殺了人的父親，也不會特赦他的父親，不會積極拒捕。換言之，舜不會以孝慈為違法、毀法的藉口。雖然父慈子孝，但法理上的直仍然必須尊重。孟子認為當舜父親殺了人，舜會接受法律的裁決，尊重法理之直，但他會放棄天子的地位、榮華，棄天下猶棄敝蹝，帶着父親逃亡。逃亡便表示他接受法理上的裁決是合理的，承認瞽叟殺人有罪。然而，他卻甘之如飴，半點兒都沒有勉強、躊躇，心裏充滿了快樂平安（終身訢然）地「棄天下，竊負而逃」，這表示他願意為維持倫理之直付上人世間最大的代價：天下。當兩直衝突的時候，怎樣取捨？答案不是遵從哪一種直，不是找出一個如何決定取捨的程式，而是一個態度，甘願付最重代價，維持兩直的努力。

瞽叟並沒有殺人，我們不知道如果他真的殺了人，舜會怎樣處理。孟子的回答只是借舜假設的行動，提出他認為當兩直衝突時，一個人應該怎樣做。他認為我們應該甘願付出人世間可能的最大犧牲，放棄世上至高的榮華、富貴、權位，努力維持這兩種直。瞽叟殺人，舜竊負而逃。就是這種知其不可為而為，竭力把法理上的，和倫理上的直，糅合成一悲劇性的努力。我們再看另一段《孟子》：

孟子曰：「天下大悅而將歸己，視天下悅而歸己猶草芥也，惟舜為然。不得乎親，不可以為人；不順乎親，不可以為子。舜盡事親之道而瞽叟厎豫，瞽叟厎豫而天下化，瞽叟厎豫而天下之為父子者定，此之謂大孝。」《孟子・離婁上》

孟子表示：舜寧願棄天下如草芥，也不違拒法理之直。他這個行為，既接受法理的判斷，同時又「得乎親」，盡了孝道，守倫理上之直，令父親厎豫（《孟子正義》：「厎，致也；豫，樂也。瞽叟，頑父也。盡其孝道，而頑父致樂」）。就個人而言，「終身訢然，樂而忘天下」，就天下而言，足以可以化（改變）天下，「使天下之為父子者定」，叫天下人明白父子關係（倫理上的直）在天地間的位置：和法理之直同等，需要不惜一切維持對兩者的尊重。人生是複雜的，生命中我們不時遇到衝突矛盾，該怎樣辦？答案往往並不是「怎樣做」，「要得到甚麼的結果」，而是要有一個甚麼的態度。一個正確的態度，才是真正解決生命中兩難之局的答案。舜行為所表現的，就是法理、人倫兩直衝突的時候，每個人應該持的態度：不惜付上最大的代價，盡力把兩直糅合成一體，孟子稱之為：大孝。儒家認為可以化天下最高的理想。

很多人介紹他工作的機構時，往往說：我們的機構像個大家庭。在這裏「像個大家庭」這句話是帶褒義的，比「我們的機構運作，完全按本子辦事，對所有員工都一視同仁，十分公平，絕對不會偏私枉法」更加正面。由此可見，下意識地，我們覺得一個像家庭一樣的團體，比一個完全秉公辦理事情的團體要更好一點。我們希望團體的運作似個好家庭，而不是家庭運作似個公正的團體。無論怎樣有效率，怎樣公平運作的團體，我們都不會以它為理想家庭的模式。兩者的分別在哪裏呢？

家庭關係除了理以外，還加上情。好的家庭表面和任何好團體的運作沒有分別。只是好的家庭的運作注入了人情、關懷。懲罰自己頑劣的孩子，父母是感到「親之痛」的。懲罰頑劣的學生，老師可能只是盡了責任，沒有感到親之痛。甚至，如果學生經常給他麻煩，還可能感到仇之快。今日，社會只要求老師對學生公平、依法。「痛」抑「快」不在要求之列。然而，如果老師懲罰學生時，感到一點親之痛，是不是更理想呢？「大孝」就是把兩種直融成一體，法理之直外，還體悟到尚有人倫之直，兩種直都需要同樣尊重。舜究竟是否會帶瞽叟逃到天涯海角，並不是孟子的要點，要點是聖人願意為自己的親人付人間世最高的代價：放棄天子的榮華富貴，以賠償親人對法理之直的虧欠，同時維持了倫理上的直。這種感情，這種態度，儒家認為可以化天下。

家：國的模式，道德訓練的場地

周文武王、周公旦父子三人開國之初憧憬要建立一個前未之見的大帝國，他們心目中這個大國便是以家為模式：一個像家庭一樣的國家。後來的儒家接受這個國家理想的模式，同時為它的禮制，灌上道德的意義：君民的關係像父子一樣的慈孝；同儕的相處像兄弟一樣的友悌。每個人都從家人關係開始學習這個國家的運作。

有子曰：「其為人也孝弟而好犯上者，鮮矣；不好犯上而好作亂者未之有也。君子務本，本立而道生。孝弟也者其為仁之本與？」《論語・學而》

家成為所要建立的大帝國的模式，天賦家人間的孝慈友悌，成為理想人際關係的標準，學習時執在手中，不時睨而視之的柯。可惜，歷史發展下來，中國人忘記了本來應該以家為國的模式，君主對人民應該像家中父母對兒女的慈愛；卻把模式倒轉了過來，以國為家的範本，父親成了高高在上，對子女就像個臣屬無敢不從的君主。國家的法令應該像父母為子女所定的規矩，以子女的好處為本，充滿智慧、溫情、仁愛，在後人的誤解下卻都變了質，家規反而苛酷如國家的嚴法峻典。這是對原來儒家訓誨的一個大扭曲。

讓我用一段《論語》，一段《孟子》給這三章儒家的故事作一個總結。

子曰：「興於詩，立於禮，成於樂。」《論語．泰伯》

孟子曰：「仁之實，事親是也；義之實，從兄是也；智之實，知斯二者弗去是也；禮之實，節文斯二者是也；樂之實，樂斯二者，樂則生矣；生則惡可已也，惡可已，則不知足之蹈之手之舞之。」《孟子．離婁上》

《詩序》：「詩者，志之所之也。在心為志，發言為詩。」詩是人中心真實性情的表達。子曰：「詩三百，一言以蔽之，曰：『思無邪。』」（《論語．為政》）清楚表示詩是率直、坦誠感情的流露。①讀詩可以了解人的真實感情。「興於詩」的意思，就是透過《詩》，明白人心固有的感情，也就是孟子所說的四端，從人這些樸純真摰的感情出發（興），培育人的道德。透過和家人的關係，培養、推展人本來就有的四端：對父兄的孝弟，就是仁義的孕育；怎樣不為環境誘惑、左右，堅守孝弟，那是智的訓練。自少從家裏開始訓練，本立道生，再逐漸把這些人性內的端由近及遠地推出去，老人老，幼人幼，泛愛眾，就培養人成仁人君子，把社會帶進大同世界。

培養、訓練一個人，需要規條、守則，那便是禮。禮是品格訓練的規條守則，所以說「立於禮。」人的道德品格是以天賦的真實感情為開端，透過禮的訓練而建立的。最高的境界，整個道德訓練的理想鵠的，便是從心所欲不逾矩，自動自覺地以遵禮，守禮為樂。孟子所云：「樂斯二（孝弟）者，樂則生矣；生則惡可已也（不願停止），惡可已，則不知足之蹈之手之舞之。」人人達到這個境界，社會便臻至大同，所以說：「成於樂」。這一套考慮周詳，結構嚴謹，糅合了個人和社會的理想，並且清楚闡明怎樣按部就班地實踐，一步步地達到目標，體大思精的思想體系是墨、法兩家所無，儒家最大的成就，也是儒家所以成為中國主流思想的主要原因。

① 有把「思無邪」解為思想純正。「思無邪」句，引自《詩經・魯頌・駉》。《駉》是首描寫駿馬的詩，「思無邪」出自全詩最後一句：「思無邪，思馬斯徂。」這裏的「思」字是沒有實義的發語辭，並不是「思想」之義。全句的意思是：「啊（一點兒）沒有偏差，啊，這些馬！這些（整齊）步伐！」在《論語》出現的時候解成思想純正，《詩集傳》引蘇氏說：「昔之為詩者，未必知此也。孔子讀詩至此，而有合於其心焉，是以取之。蓋斷章云爾。」其實，孔子未必斷章取義，只是後人讀《論語》的誤解。孔子的意思是，三百篇詩，一言蔽之：「何等坦誠率真！」讚美《詩經》的真樸。

道家的故事

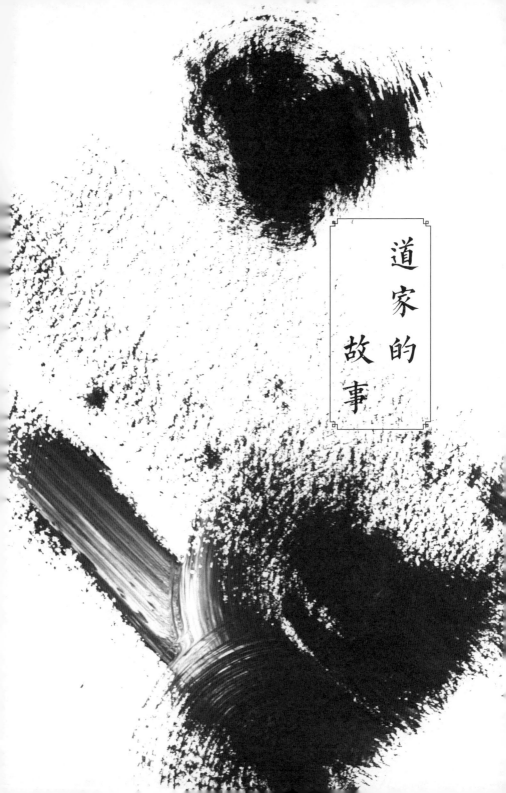

道：萬物的潛能

道家的理想社會

道家的故事和前面墨、法、儒三家迥異其趣。首先，前面三家都是順應當時的大趨勢支持，起碼沒有反對，建立大一統帝國。道家的理想社會卻不是一個大一統帝國，而是小國寡民，從下面《老子》引文可見：

> 小國寡民。使民有什佰之器而不用；使民重死而不遠徙。雖有舟輿，無所乘之；雖有甲兵，無所陳之。使民復結繩而用之。甘其食，美其服，安其居，樂其俗。鄰國相望，雞犬之聲相聞，民至老死不相往來。《老子・八十章》

這裏所描寫的理想社會：「結繩而用之，……鄰國相望，雞犬之聲相聞」，可以說是回復到堯舜以前，遠古時代的部落社會，和文、武、周公的夢想大相逕庭。

其次，東周末葉的諸子，不論墨家、法家、儒家，都周遊列國「崇其所善，以此馳說，取合諸侯」的。然而據時人的記載，道家人物不像孔子一樣，畏匏瓜之莫食①，他們不只不「取合諸侯」，就是受到諸侯邀請「取合」，也婉拒不就。《莊子・秋水》記有下面一則故事：

莊子釣於濮水，楚王使大夫二人往先焉，曰：「願以境內累矣！」

莊子持竿不顧，曰：「吾聞楚有神龜，死已三千歲矣。王巾笥而藏之廟堂之上。此龜者，寧其死為留骨而貴乎？寧其生而曳尾於塗中乎？」

二大夫曰：「寧生而曳尾塗中。」

莊子曰：「往矣！吾將曳尾於塗中。」

莊子把出仕比喻為已死的神龜，雖然備受朝野的尊崇，但失卻了自由。他寧願做一隻在泥濘中搖頭擺尾的小龜來得逍遙自在。

簡單說來，道家哲學，不像前面討論過的三家，他們並不以天下為己任。齊家，治國，平天下並不是他們的直接目的。他們的思想中心是集中在怎樣享受自我，過一個自由逍遙的生活。他們認為如果人人都可以逍遙自在，國自然治，天下也自然平。統一帝國，為了治平，硬是把人民齊一起來，人反而喪失了真我，失卻自然，所以他們寧願小國寡民。道家哲學雖然和東周末葉其他的諸子不同，但它以我為中心思想，較諸其他三家的學說更具普遍性，古今中外的人都能認同。

貴生重我

貴生重我的思想自生民之初便已經存在。最先成一家之言見於史籍的大概是楊朱之學了。根據《孟子・滕文公下》：「聖王不作，諸侯放恣，處士橫議，楊朱、墨翟之言盈天下。天下之言不歸楊，則歸墨。楊氏為我，是無君也。」在孟子的年代，楊朱之學和墨家之言同為顯學。楊朱的言論在今日已經看不到，《列子》裏面的〈楊朱〉篇為後人偽作，已是學術界的定論。東周末葉的文獻，論及楊朱之言的不多，專論當時思想流派的如：《荀子・非十二子》、《莊子・天下》都沒有提及。其他著述提到楊朱學說的只有兩處，都是簡單的一兩句：《孟子・盡心下》：「楊子取為我，拔一毛而利天下，不為也。」和《韓非・顯學》：

①《論語・陽貨》記載，佛肸邀請孔子出仕，孔子想答應，子路因為佛肸是叛臣，便勸阻孔子。孔子接受子路的勸阻，但慨歎：「吾豈匏瓜也哉，焉能繫而不食？」（匏瓜是給人食用的，長久掛在市場未有人用為食材的匏瓜，叫人十分難受。）躍躍欲試之情，溢於言表。

「今有人於此，義不入危城，不處軍旅，不以天下大利易其脛一毛。」雖然韓非沒有指明這「今有人於此」是楊朱，但「不以天下大利易其脛之一毛」和「拔一毛而利天下」兩句字面相近，[②]後之學者一般認為《韓非》這裏指的便是楊朱。楊朱之學如近人馮友蘭所說，雖然曾經盛極一時，與墨家分庭抗禮，但「似乎……，前無源，後無流，僅如曇花一現。」[③]不過，深入一點探究，就是馮友蘭也認為還是可以找到源流的。

源：馮友蘭指出和孔子同時已經有一種避世的隱者，如《論語・憲問》提到的：石門的管理員（晨門）、衛國的荷簣者，和〈微子〉裏面提到的楚狂接輿、桀溺……等。這些隱者貴生為我的言論，便是楊朱學說的源頭了。[④]因此馮友蘭在他的 *A Short History of Chinese Philosophy*[⑤]裏面以道家思想源出於社會的隱者。

流：「楊朱之後，老莊之徒興。老莊皆繼楊朱之緒，而其思想中，卻又卓然有楊朱所未發。於是楊朱之名遂為老莊所掩。所以楊朱之言似消滅實未消滅也。」[⑥]老莊的思想，根據馮氏的看法，便是在孟子時代盛極一時，代表避世隱者思想的楊朱學說的流變。楊朱之學所以在後來似乎消滅，只是因為老莊之徒把它發揚光大，卓然發前人所未發，這些後起之秀把楊朱的聲名掩蓋了而已。

東周避世隱者貴生為我思想的流變不只是老莊的思想，它還是中國其他很多學說的源頭。從秦始皇派遣方士出海求長生之藥開始，到了六朝的郭璞（二七六至三二四年），葛洪（二八三至三四三年）而大盛，這些煉丹求仙、追求長生的思想學說，便是重我貴生思想的另一個流變；也有明白長生不可求，與其「服食求神仙」，「不如飲美酒，被服紈與素」（《古詩十九首・驅車上東門》）；或感歎「人生幾何，……去日苦多」（曹操，《短歌行》），寄情杜康，秉燭夜遊，發展成及時行樂的縱欲主義，《荀子・非十二子》提到的它囂、魏牟：「縱情性，安恣睢，

② 兩者只是字面上相近，在意義上其實分別很大。「拔一毛而利天下不為也」，犧牲自己身體上的一條毛叫天下都得到好處都不肯幹，是很自私的。然而，「不以天下大利易其脛一毛」，卻並不一定自私，看對這句話如何解釋。這句話可以解成和「拔一毛而利天下不為也」同義，但也可以解成，不肯犧牲自己腳上的一條毛，以換取天下間最大的利益，不論金錢也好，權位也好，因為財富、權勢，都是身外物。身外物絕對不及己身的寶貴。接受這個解說，以「天下」為形容「大利」的副詞，而不是「大利」的受眾。楊朱之說並不是自私。我看孟子是故意採取第一種解說以見楊朱之非。

③ 馮友蘭：《中國哲學史》，出版社、出版日期不詳。第七章，頁一七〇至一七一。

④ 在這裏只舉《論語・微子》所記桀溺之言以見一斑：「滔滔者天下皆是也，而誰以易之？且而與其從辟人之士也，豈若從辟世之士哉！」楊伯峻的語譯：「像洪水一樣的壞東西到處都是，你們同誰去改革它呢？你與其跟着〔孔丘那種〕逃避壞人的人，為甚麼不跟着〔我們這些〕逃避整個社會的人呢？」

⑤ 見本書第一章〈諸子誕生的故事〉，注三。

⑥ 同注三，頁一七三。

禽獸行，……足以欺惑愚眾」，這便是從貴生為我衍生出來另一種思想的早期代表。老莊只是楊朱之言流變中，青出於藍的舉舉大者。老莊之言，特別是莊子，重我貴生的思想處處可見，但他們不是簡單地接受了避世隱者的人生態度，也非求長生，亦非縱情欲，而是卓然發前人之所未發。他們這些對楊朱之言卓然有所未發的地方，就衍化成與儒家比肩，同為中國思想主流的道家哲學。

楊朱的為我和道家思想既然有源流的關係，「我」是他們思想中的一個重要概念，講述道家的故事便從「我」這個觀念開始吧。

追求長生不老的求仙，和苦於晝短夜長、秉燭夜遊的縱欲，兩者基本上都是以「我」為肉身之我。前者希望延長這個肉身的我的存在，至於無窮，也就是追求我在量上的增加。後者肯定這個肉身的我難以延長，希望在它還存在的時候，盡量滿足它物質上的欲望：醇酒佳人、聲色犬馬的享受。目的是提升肉身之我的質，增加它的滿足感。道家哲學有異於這兩者，他們不追求肉體生命的延長，像陶淵明一樣，認為「甚念傷吾生，正宜委運去，縱浪大化中，不喜亦不懼。應盡便當盡，無復獨多慮。」（《形影神・神釋》）以平常心面對生命的盡頭，不喜不懼，坦然接受「人理固有終」的必然。表面上，他們和後者，縱欲主義的想法略同，追求質的提升、改變，有一個滿足的生命。然而他們對「我」是甚麼有不同的看法，提升我的質，並不是滿足肉體的享受、欲望。他們對甚麼是我最重要的本質的看法，就是他們卓然發前人所未發之處，他們思想的核心精華。

我，道家認為最寶貴的地方就是獨立、自由。「獨立」、「自由」是現代的詞彙，在中國古代典籍曾不多見，然而獨立、自由的觀念卻是古已有之的。「無待」、「無累」、「逍遙」，便是「獨立」、「自由」古代的同義詞了。這些與今日「獨立」、「自由」的同義詞常見於道家的著述，而且往往更是討論的重心。道家的理想是讓我能夠在「無何有之鄉，廣莫之野，彷徨……無為，逍遙……寢臥。……物無害者，……安所困苦哉！」（《莊子‧逍遙遊》）；不必「與物相刃相靡，……行盡如馳……莫之能止。……終身役役……不見其成功。茶然疲役，而不知其所歸。」（《莊子‧齊物論》）；可以「獨立而不改，周行而不殆。」（《老子‧二十五章》）保存這種逍遙獨立是道家的至高理想，臻達這個境界，才是真正的享受人生。

道家的理想社會不是文、武、周公的大一統，而是「結繩而治，……民老死不相往來」的寡民小國，便是因為要保護我這種獨立無待的逍遙自在。

大家都熟悉「相濡以沫」這句成語，它是出自《莊子‧大宗師》：

泉涸，魚相與處於陸，相呴以濕，相濡以沫，不如相忘於江湖。……魚相造乎水，人相造乎道。……魚相忘乎江湖，人相忘乎道術。

天大旱，水泉乾涸，本來過百平方里的大湖，變成不過百平方尺的泥沼，數以萬計的魚輾轉其中，奄奄待斃。其中一尾小魚建議：「我們今日的困境，無非因為缺水。天助自助，與其坐以待斃，何不自救？我們可以用自身產生的液體彼此幫助。」於是他們便相互向對方吐唾沫，噴濕氣，甚至發展出一套合理、公平、高效率，彼此輪班吐沫的制度，苟延殘喘——這便是法家所謂的法治，儒家所謂的禮制。這種自救、互助的行動，雖然沒有甚麼不對的地方，也的確可以解決魚羣當前的困境。然而，莊子認為，這不該是魚羣的最高理想。魚羣的理想應該是無須倚賴他「魚」，也就是「無待」於他魚，回到深廣的湖泊，自由自在，可以忘記對方存在(彼此相忘)的世界。

儒、墨、法三家所要建立的，在道家眼中，都只不過是相濡以沫的社會。在三家的理想社會裏面，每一個人，就像泥沼裏面的魚，不能忘記其他向他吐沫的魚，也不能忘記他需要向其他魚吐沫，每個人都有待於他人，因此極其量只是第二高的理想，滿足短暫的臨時需要。儒、墨、法三家大抵因為久處「大旱泉涸」的情況，他們的眼界並未能超越這個缺水的泥沼，從來沒有想到要把人帶回大江大湖——可以彼此相忘的理想世界。「魚相忘於江湖」，「人相忘乎道術」，並不是說在道家的理想社會裏面，人「必須」彼此相忘，只是說在理想的道術社會，人「不必一定」要彼此關顧，「可以」彼此相忘。不是「必須」，而是「可以」相忘，「必須」和「可以」這個分別十分重要，討論道家思想時必須牢記。一個不能讓人彼此相忘，各人必須彼此關顧的社會，就不是個「無待」的社會。生活在這樣社會裏面的人不能無待於他人，是失卻了逍遙，道家認為一定不是個理想的世界。

道常無名

道家對理想社會的看法，對「我」是甚麼，有關「我」本質的理論；對「無待」、「獨立」概念的闡發，這些發前人所未發的思想，都是從「道」這個觀念衍生出來的。「道」是甚麼呢？「道」，一般而言就是道路、道理。上章討論儒家的時候引過《論語》：「本立而道生」，「道」也可以解成為一種理想的行為，因此英文往往把道家裏面的「道」翻成「The Way」，我對這個翻譯不敢苟同。⑦下面

⑦ Arthur Waley (1889-1966) 把《道德經》(也就是《老子》) 翻成 *The Way and Its Power*。「道」譯為「The Way」，「德」翻成「Power」。陳榮捷英譯《老子》為 *The Way of Lao Tzu*，也是把「道」譯為「The Way」。我認為最恰當應該把「道」音譯為沒有意義的「Tao」。

讓我們看看，對道家而言，「道」這個核心概念是甚意思。《老子》第二十五章，是道家經籍裏面，對道有比較詳細的論述，最能幫助我們明白道家怎樣看道的一章：

有物混成，先天地生。寂兮寥兮，獨立而不改，周行而不殆，可以為天下母。吾不知其名，字之曰「道」。強為之名曰「大」，大曰逝，逝曰遠，遠曰反。故道大、天大、地大、王（人）亦大。域中有四大，而王（人）居其一焉⑧。王（人）法地，地法天，天法道，道法自然。

這章《老子》，表面看來很容易解釋，其實用心讀起來中間有不少令人困惑的地方，每一令人困惑之處，都饒有深意，不能掉以輕心。首先讓我們看看這一章的前半，從「有物混成」到「強為之名曰『大』」一段。

這個先天地生、獨立混成之物，作者說他不知其名。沒有名字的東西，討論起來不方便，為了後來論述方便，所以字之曰「道」。這並不難明白，可是緊接下來他說：「強為之名曰『大』」，這可十分費解了。既然已經稱此物為「道」，它便有名了，為甚麼還要強為之名呢？強為之名，為甚麼不重申它的名是「道」，卻要另外名之曰「大」呢？

這一段令人困惑費解的文字，是因為作者要我們明白兩點：

一、「字之曰『道』」之後，還要「強為之名」，顯而易見「道」並不是那混成之物的名，只是為了方便討論所給予該物的稱謂，不要把它誤會為該物之名。為了避免這個誤會，在給這混成之物「道」這個稱謂的時候，作者特意用「字」，不用「名」為動詞：字之曰道。因為作者不把「道」視為此物之名，所以強為之名的時候，不重申「道」這個稱謂，另稱之為「大」，「大」才是該物之名。

二、「強為之名」的「強」字。「強」就是勉強的意思，為甚麼給這個稱為「道」之物命名，是這樣勉強呢？因為對道家而言道是無名的。「無名」是道最重要的本質。在道家思想裏面再沒有比「道常無名」，更重要、更核心的概念了。硬要給無名之道起一個名字，便只能勉強為之。

第二十五章上半段費解的地方，其實是作者婉轉間接地向讀者表示道是無名的，「道」並不是道的名字，只是識別此物的標籤。

⑧ 不同版本有作「王」，有作「人」，然而注解一般並不以此只與王有關，而是和人有關，王只是人的代表，故本書提及《老子・二十五章》都棄「王」，採「人」。

道常無名既是道家重要的概念，除〈二十五章〉外，《老子》還有其他多處，直接間接指出道是無名的。最直接的是下面兩處：

第三十二章：「道常無名樸」；

第四十一章：「大象無形，道隱無名」⑨；

其他地方沒有這兩處直接，但間接地也清楚表明道是無名的：

第一章：「道可道，非常道；名可名，非常名。……無名天地之始。」及第二十五章：道是「先天地生，……可以為天下母。」。「天下母」也就是「天地之始」了，兩章相互參照，天地之始既是無名、同義的天地之母——道，很明顯地，也是無名的了。

第十四章：「視之不見名曰夷；聽之不聞名曰希；搏之不得名曰微。此三者不可致詰，故混而為一。其上不皦，其下不昧，繩繩不可名，復歸於無物。是謂無狀之狀，無物之象。是謂恍惚。」及第二十一章：「道之為物，惟恍惟惚」。兩章比對，道是恍惚，而恍惚是繩繩不可名，道也就無名了。

「名」的意思

為甚麼「道無名」對道家這麼重要，我們必須先明白「名」在東周末葉的意義。「名」今日只是個別的事、人，或物的標籤，主要的功用是識別。然而，春秋戰國年間，名不只是識別的標籤，在比較重要的諸子學說裏面，名都是個十分重要的觀念。名家以「名」為他們家派的稱謂，名對他們的重要自不待言了；法家有稱之為刑名之學，對名的重視也是不用多說；儒家最重要的人物孔子，當學生子路問他：「衛君待子而為政，子將奚先？」孔子未有半點猶疑便回答道：「必也正名乎！」（《論語・子路》）名在孔子心目中的重要於茲可見；道家對名的看法雖然和儒家、法家相反，不認為名有甚麼正面的重要性，然而他們花了很大的工夫說明道常無名，也就表示，道家十分重視名的反面意義，所以名仍然是他們思想裏面一個重要的概念。

東周末，「名」是甚麼意思呢？上引《論語》，孔子回答弟子子路，如果他有機會在衛國執政「子將奚先？」曰：「必也正名乎！」子路認為老師的答案有點迂腐，引出了孔子下面的一番話：

⑨ 高亨認為：「『道隱無名』疑當作『大道無名』。蓋『大』字轉寫捝去。後人以意增『隱』字耳。」高亨，《老子正詁》（北京：古籍出版社，一九五六年）。

野哉由也！君子於其所不知，蓋闕如也。名不正，則言不順；言不順，則事不成；事不成，則禮樂不興；禮樂不興，則刑罰不中；刑罰不中，則民無所措手足。故君子名之必可言也；言之必可行也。君子於其言，無所苟而已矣。《論語．子路》

「名之必可言，言之必可行」這兩句，為我們提供了「名」在當時的意義一條重要的線索。

名在春秋戰國，甚至遲及漢朝，都不只是用以識別，它的重要涵義還包括對所名之人和物的界定、描述，或期望。孔子所謂「名之必可言」，也就是所有名都有可以解釋、描畫的內容（言），這便是界定或描述。「言之必可行」就是說名所描繪、解釋的，都不是空話，是可以體驗、實行出來的，而且命名者期望被名之人，或物，能表現出符合所命之名的界定和描述。

《管子．九守》：「修名而督實，按實而定名。名實相生，反相為情。」「修名而督實」表示我們可以按名對所名之物有所要求。一個人如果有「英文教師」之名，我們便可以要求他有一定的英文程度。如果一件物體有「盃」之名，它便應該有一定的形狀，絕不能是扁平的板；有一定的用途，可以盛載液體……等等。「按實而定名」，指出名和實兩者之間是有關係的。不同的實便應該冠以不同的名，名應該和實相配。一件紅色的物體，不能冠之以和紅色相反的名；一件非立方體的物件，不能名之為「球」或「蛋」。《管子》裏面的「名」明顯地有描述、界定的意思。

上引《老子・十四章》：「視之不見名曰夷；聽之不聞名曰希；搏之不得名曰微。此三者不可致詰，故混而為一。……繩繩不可名，復歸於無物。是謂無狀之狀，無物之象。」此物之所以「繩繩不可名」是因為它是看不到、聽不見、摸不着，沒有形狀的。「不可名」顯而易見是和「經驗不到，不能描述，不能界定」同義，名也就是用來描述、界定所名之物。直到今天，「名狀」一詞和「描寫」、「形容」同義，彼此往往可以交替使用。如北魏酈道元《水經注・瀑水》：「平舒城東九十里，有廣平城，疑是城也，尋其名狀，忖理為非」；今人茅盾《歸途雜拾・東江鄉村》：「這時心裏的慘痛淒涼非言語所能名狀。」

個人的「名」，很少是描述被名者的，「按實而定名」的不多，但不是沒有。根據《史記・孔子世家》：「魯襄公二十二年而孔子生，生而首上圩頂，故因名曰丘云。」孔子名「丘」便是「按實而定名」，按他出生時的相貌而起的。

又魯隱公名「寤生」，也是按實而定的。因為他是寤生，「寤」「乃『牾』之借字，寤生猶言逆生，現代謂之足先出，」[10]也就是難產。他的出生令母親姜氏受驚，所以母親不喜歡他。

個人的名字按實而定的不多。東周，晚及隋唐，個人的「名」和「字」大多是「修名而督實」，表達對被命名者的期望。這樣的例證很多：

屈原的《離騷》：「皇覽揆余初度兮，肇錫余以嘉名。名余曰正則兮，字余曰靈均。紛吾既有此內美兮，又重之以修能。」屈原的名字：「正則」、「靈均」代表了父母對他的期望，而他一生盡力培育自己（修能），以求不負父母當初的厚望。

陶淵明第一個孩子出生，他煞有介事的寫了首《命子》詩。詩開始的一大段詳述他陶家顯赫光榮的歷史，對第一個兒子「既見其生，實欲其可」，所以慎而重之地：「卜云嘉日，占亦良時。名汝曰儼，字汝求思。溫恭朝夕，念茲在茲。尚想孔汲，庶其企而。」古人的名字都帶有期望，志向是很清楚的。

古人及冠往往為自己取一個「字」，而字很多時候是闡釋名的意義，這也是「修名而督實」，清楚表示他希望達到名所要求的哪一方面的期望。我們可以看看下面的幾個例子：

孔子弟子仲由，姓仲名「由」，「由」是「通達」之意。字「子路」，就是表示所希望的通達不是靠旁門左道的小徑，「行不由徑」，而是光明正大的大道：「路」。

三國時蜀相諸葛亮，「亮」就是光明，他不要螢火似的一點光，而是要大放光明，故字「孔（也就是大的意思）明」。苦肉計詐降曹操、火燒連環船的東吳名將黃蓋，字「公覆」，名「蓋」是期望他做一個蓋子，而他的字是表明他要做蔭庇（覆）天下蒼生（公）的大蓋子。

名在中國，直到漢、唐，大都不只是事物的標籤，還有督實（界定）、責實（期望）的功用。《老子・二十五章》作者花這麼多筆墨，就是要說明他只是用「道」字當為這先天地生之物的標籤，並不是此物之名；既不是名，讀者便不要把「道」字的含義，當為此物的界定、描述，因而產生甚麼的期望、訴求。⑪

---

⑩ 楊伯峻：《春秋左傳注》（北京：中華書局，一九八一年），第一冊，頁十。「寤」字還有其他不同的解釋，但不論作何解，「寤生」之名都是按實而定名的。

⑪ 因為這個原故，我認為把「道」英譯為「The Way」並不恰當，反而音譯為沒有意義的「Tao」或「Dao」更合二十五章作者的本意。

「無名」和「無」

再進深一層，根據道家，道不只是無名，道更是無。《老子・四十章》：「反者道之動。弱者道之用。天下萬物生於有，有生於無。」從這章看來無是天地萬物之始，而〈二十五章〉說得很清楚道是天地之母，兩章合起來看，道也就是無了。

一件事物無名，不能界說、描述，可以有不同的原因。太繁複，太豐富，是一個原因。我們行文遇到太複雜的景物，很多時候會說「非筆墨所能形容」，便是這個理由了。嶄新的事物，所具的質性是從未經驗過的，在一切已有的詞彙中都找不到適切的形容，是另一個原因。就道家而言，道之所以無名，並非因為它太繁複，也不是因為它太新鮮，而是因為它在我們的經驗世界裏面是不存在的。道之無名是因為道是無、不存在。不存在的東西，我們怎樣討論，如何對我們發生影響，為甚麼竟然可以成為一個重要哲學流派的中心觀念呢？

《老子》一書用了差不多全書一半的篇幅來和我們討論這個本質為無的道。[12]所用的方法主要是靠比喻。《老子》用來比喻道的事物很多，有間接的，有直接的：

門：「無名天地之始，有名萬物之母。……此兩者同出而異名：同謂之玄。玄之又玄，眾妙之門。」(第一章)。

玄牝、雌、天下母——可以生育的雌性：「谷神不死，是謂玄牝。」(第六章)；「天門開闔，能為雌乎？」(第十章)；「天下有始，以為天下母。」(第五十二章)。

嬰兒、赤子：「專氣致柔，能嬰兒乎？」(第十章)；「常德不離，復歸於嬰兒。」(第二十八章)；「含德之厚，比於赤子，」(第五十五章)。

上面這些事物在《老子》裏面，雖然未直接說明是用來比喻道，但從上文下理，或和其他篇章合起來看，它們是道的比喻是很清楚的。⑬

《老子》裏面也有直接用以比喻道的事物：

⑫《老子》一般又稱為《道德經》，分兩部分，共八十一章。首部分《道經》為一到三十七章，三十八到八十一章為《德經》。(《老子》分章和次序是後來的事。譬如一九七三年馬王堆出土的帛書《老子》甲、乙本，是現存最早的《老子》寫本，便沒有分章，而且是《德經》在前，《道經》在後。

⑬以「天下母」為例。第一章說「無名天地之始」，我們知道「無名」指的就是道，因此道也便是天地之始了。而第五十二章說：「天下有始，以為天下母」，由此我們便可以推出，道可以為天下母了。

樸：「道常無名樸。」（第三十二章）

萬物之奧：「道者，萬物之奧。」（第六十二章）「奧」根據河上公注：「奧藏也。道為萬物之藏，無所不容也。」翻成最貼切的現代漢語就是「倉庫」。

這兩個直接的比喻，「樸」出現的次數較多，有關的討論也較詳細。我們便從這個比喻入手探究道是無名，同時也可以說是無的意義。

《說文解字・段注》：「樸，木素也。」注曰：「素猶質也，以木為質，未雕飾，如瓦器之坯然。」「素」在這裏不是副詞，是名詞，是「素材」的意思。「樸」便是還未曾加工的木料、木材。站在器物的層面，在只有器物的世界，還未曾加工的木料是沒有名字的：它不是杯，不是盤，還未曾雕成花果鳥獸之形。

《老子・三十二章》：「道常無名樸。……始制有名，名亦既有，夫亦將知止，知止可以不殆。」「制」按《說文解字》是「裁」的意思。樸本來是無名的，但一旦開始加工裁割，把它造成一件特別的器物，如：杯、盤、人物塑像……等等，便開始有名了。有名，就是變成了一件特別可以描述、界定，我們對它有所期望的器物。每一件器物都有它的限制——杯便是杯，形狀跟盤子不一樣，我們也不期望它有盤子的功能。有了名，成了器，我們便要明白這個器帶來的限制，否則便有危險了。雖然今日我們都希望子女成器，但在春秋戰國年間，成器並不是最高的理想，就是儒家的孔子也說：「君子不器。」（《論語・為政》）也許有人會說，據《老子・二十八章》：「樸散則為器，聖人用之則為官長。」用器可以成為官長，學而優則仕，仕而晉升至官長，那又怎能說成器不是理想呢？這裏大家要留心，「聖人用之則為官長」是說，聖人如果用樸散而成之器，（極其量）只可以成為官長。聖人的境界高呢？還是官長的境界高呢？要做聖人的理想高？還是做官長的理想高？《老子》這裏說的是，以聖人之資如果不能「見素抱樸」（《老子・十九章》），而是執器而用之，頂多可以成為官長。所以第二十八章最後一句是：「大制不割」，最高的境界還是抱樸不割。這種「不割」的觀念，與樸器的分別，《老子・十一章》討論得最詳細、清楚。

《老子・十一章》的解說與延伸

三十輻共一轂，當其無，有車之用；埏埴以為器，當其無，有器之用；鑿戶牖以為室，當其無，有室之用。故有之以為利，無之以為用。

《老子‧十一章》是《老子》八十一章裏面最多人知道、影響最大的兩三章之一，然而卻有起碼三種不同的解說，各各意義不同，有它不同的影響。

第一種解釋，以第十一章裏面的「無」字當「空」字解。宋人吳澂（字幼清，一二四九年至一三三三年）的注解釋得最清楚：

車非轂館空虛之處可以轉軸，則不可以行地；器非中間空虛之處可以容物，則不可以貯藏；室非戶牖空虛之處可以出入通明，則不可以寢處。車以轉軸者為用；器以容物者為用，室以出入通明者為用，故曰：「無之以為用」。

以「無」為「空」：車之無，指的是車轂館可承受輪軸的空處；器之無，指的是器物可以容物的空間，而室之無是指房屋透光，或讓人出入的洞口，這個解說最多人接受，影響廣遠。著名意大利建築師塞維（Bruno Zevi，一九一八年至二〇〇〇年）重視建築物的空間，認為空間是界定和欣賞建築物的重要因素。這個二十世紀建築學上不容忽視的流派，有不少人認為是受了《老子》這一章的影響。這個解說，用之於器和室，甚為適切。如果器沒有容物的空間，是完全沒有器之用的，建築物的空間也的確是它優劣的主要決定因素。然而，把車輛的用處完全放在可以放軸那個小小的空間，卻似乎有點牽強、誇張。

第二種解說，認為第十一章的斷句，不應該把「無」、「有」兩字拆開。正確的斷句應是：「三十輻共一轂，當其無有，車之用；埏埴以為器，當其無有，器之用；鑿戶牖以為室，當其無有，室之用。故有之以為利，無之以為用。」這個說法見於清畢沅（一七三〇年至一七九七年）《老子道德經考異》：「本皆以『當其無』斷句。案《考工記》『利轉者以無有為用也』，是應以『有』字斷句。下並同。」

畢沅認為轂輻是「有」，而兩者湊成，用以承軸的空間為「無」，轂輻，和所湊成的空間兩者都是車輛運作所必須的，缺一不可，因此當其「無有」，方能有車之用。器皿容物的空間是「無」，這個空間（無）是由器壁的「有」圍繞生成的，沒有器壁的「有」，就不能有用以容物空間的「無」，所以是當其「無有」才有器之用。二十世紀，受到德哲黑格爾（Georg Wilhelm Friedrich Hegel，一七七〇年至一八三一年）辯證法的影響，認為事物的運作、進步，往往是從矛盾產生的，正反而合。「當其無有，車之用」也就是從無和有的矛盾中取得車的用途，暗合黑格爾的辯證法。這個解說一時風行，幾乎成為正解。其實在整章的結束，作者分開闡明「有」、「無」：以有為利，以無為用。這個把無有合成一詞的解說並沒有照顧到章末利用之別，和兩者跟有無之間的關係，強調要把「無」、「有」合成「無有」來解釋，是否就是作者的意思，是大可商榷的。畢沅所倡議的斷句，雖然饒有意義，恐怕不是《老子》的原意。

第三種解釋跟上面兩種解釋有一個基本的差異。上面兩種解說「無」指的是同一種實際的存在，那就是車、器和室所包存的空間。

第一種解釋指出車、器、室三者的「用」都是因為他們包涵了空間，也就是無。如果沒有空間，三者都一同變為無用。第二種認為三者，車、器、室之用都是由無和有共存的衝突、矛盾所產生的。如器的用途，是因為器壁的有，和所圍繞着的空間的無共存而產生的，二者缺一如打破了器壁，或填滿了器的空間，器之用便消失了。這個解釋雖然和第一個解釋的斷句不同，強調了無和有之間的關係，然而兩者的「無」指的都是空間，一種實際的存在。

依第三種解說，「無」指的並不是一種實際的存在，而是一個抽象的觀念：「不存在」。

上面已經討論過為甚麼樸，未加工的木料，是無名的。因為未曾加工的木料，用器物世界的語言、詞彙，是不能描述的。根據第十一章的第三種解說，樸在器物世界中不只是無名，不能描述，更可以說是「無」，不存在的，因為在器物的世界裏面，我們找不到樸。我們試用「埏埴以為器」一段，詳細闡明這個解說。

瓷器的世界只有瓷杯、瓷碗、瓷瓶、瓷壺……等等，是沒有瓷土的，因為瓷土不是瓷器，還未成器。然而，所有瓷器都是由瓷土造成，從瓷土產生的。在陶匠的手中，瓷土可以製成各種不同的瓷器。一隻瓷杯，就只有杯的用途，不能當壺；一個瓷瓶，也只是有瓶的用途，不能用作盤子。然而，瓷土卻可以用來製成各式各樣不同的瓷器。把它製成杯，有杯之用；製為瓶，有瓶之用。因此，瓷土，雖然不是瓷器，在瓷器世界裏面是一個「無」，但卻可以說是有盡所有瓷器之用。「埏埴以為器」，在只有瓷泥，還未成器的時候，也就是當其無的時候，「有器之用」——盡有全部器物，不是局限於只某一器物之用。

有關車和室兩段，也是同樣的解釋：當還未造成車，還未建成室，只有造車、建室的材料的時候——也就是從車和室的層面去看，還是無的時候，這些素材盡有所有不同的車，不同的室之用。素材製成某種車輛，器物，居室之後，便只能有該種車輛，器物，居室的用途。這些只局限於某種車輛，某一器物，某類居室的用途，在第十一章稱為「利」，以別於盡有所有用途的「用」，是以第十一章的結論：「故有之以為利，無之以為用」。

樸就是素材，這裏所謂的「無」，把這些素材製成車，器，或室，就是割，就是散樸。樸散便成器。成器不是壞事，而且是不能避免的（在下面兩章，將會有詳細的討論）。器也有用處，這些器用在《老子・十一章》稱為「利」，然而器之利不同樸之用，道家理想的聖人是守樸，世人尊敬的官長則是用器。

以樸比喻道，重點在一切器物都出自樸，樸涵括了所有器物。《老子》裏面所有道的比喻都同具和樸一樣：萬物自此出這一特點。

我們看看其他道家用以比喻道的事物：「萬物之奧」（〈六十二章〉）。上面已經解釋過，奧就是萬物之藏，也就是今日的倉廩，萬物之倉庫，無所不容。道像樸，因為從樸可以製成任何的器物；道像奧，因為從奧可以取出任何的事物。

門是道的另一個比喻：「玄之又玄，眾妙之門」（〈第一章〉）。道像門：宇宙間一切的要妙都從那裏出來。

道為天下母（〈五十二章〉），因為天下萬事萬物都是從道生出來的；道又像嬰孩（〈二十八章〉），赤子（〈五十五章〉）。嬰兒、赤子是人之始。一個人長成後是個怎樣的人，從事甚麼工作，我們不知道。他可以成為偉人，可以一生寂然無聞，不過無論貴賤賢愚都是從嬰兒開始。

從《老子》用以比喻道的事物，我們可以了解，道最重要的性質便是沒有任何可以描述的特質，然而，任何可以描述事物的特別質性都是從道那裏出來的；道在經驗世界裏面是不存在的，然而，經驗世界的所有都是從它而來。讀者如果覺得這太玄妙，奧秘難明，其實不然，用今日簡單的術語：道就是能衍生萬物的潛能。潛能是我們不能經驗得到的，在經驗世界裏面是不存在的，但它可以發展成任何經驗世界裏面的事物，甚至相反不能共存之物，一點兒也沒有矛盾。萬物都是以「無」的形態隱存於潛能之內，這個隱存萬物的潛能便是道家所稱的「道」。

自然：古代「自由」的同義詞

道的運作：道法自然

道家的道是不能名狀的。「道」並不是它的名，不能循「道」字的意思而「責其實」，只是一個為了討論方便的標籤。道是產生我們經驗世界裏面萬事萬物的潛能。既是潛能，也就是在經驗世界裏面還未出現、不存在的，是個「無」。先秦諸子裏面重要的流派，他們的學說都是關乎我們人的：人應該怎樣生活，應該如何彼此相待。道家也不例外。然而，人是生活在現實的經驗世界，這個先天地生、萬物隱存其內、在經驗世界中是個無的道，對人特別是對活在現實世界中的人的生活行為，又有甚麼啓示呢？《老子‧二十五章》的下半，從「強為之名曰『大』」至章末「道法自然」，提供了答案。

強為之名曰「大」。大曰逝，逝曰遠，遠曰反。

如果硬要給「道」一個有描述性的名，那就勉強稱之為「大」。「大」，因為它有極大的潛能，可以生出無限量，也就是極大量的事物。從「大」，還可以引申出「逝」、「遠」和「反」。「逝」和「反」是動詞，指的是大道的運作。「逝」就是「往」、「出」的意思。①因為道是所有事物的潛能，在任何時刻，它都可以開展某方面的潛能，成為一種可以被我們經驗、可名的事物。這就是有所逝，有所出。一般事物的發展很多時候會有「往而忘反」的危險。但道不忘反。《老子・十六章》：「萬物並作，吾以觀復」，到時候道是會「復」，知「反」的。甚麼時候反？當發展到遠，②淋漓盡致，很全面的時候，道便知止。「大」、「逝」、「遠」、「反」四個字便簡約地描述了道的運作。

《老子・二十五章》是這樣結束的：

故道大、天大、地大、人亦大。域中有四大，而人居其一焉。人法地，地法天，天法道，道法自然。

①《說文解字》：「逝，往也。」

②《說文解字》：「遠，遼也。」

宇宙間，除道以外，還有三樣東西：天、地、人，都可以與道同名為「大」，他們都像道一樣有很大的潛能。這其他三大都應該效法四大之首的道：「人法地，地法天，天法道，道法自然。」但人要向道效法的並不是它的大，因為人和道一樣，本體已經是大，有極大的潛能。本體並不是學而能致的，而是生就如此的，所以不必學。人所要向道學習的是道的運作，怎樣到「逝遠」的時候不忘反，不傷害本體，維持大這個重要的質性，保存潛能。人既然要向道學習它的運作，而「道法自然」，「自然」這個概念的重要也就很清楚了。可惜今人對道家「自然」這個觀念往往有很大的誤解。

何謂「自然」？

「自然」在現代漢語是一個很常用的詞彙，它的意義大家都知道，指的是自然界、大自然，也就是英文的 Nature。可是，這並不是道家「自然」的意思，兩者之間分別很大。把道家裏面的「自然」當成與今日常用的「自然」同義，把它釋為自然界是錯誤的。古代漢語裏面和現代漢語「自然界」同義的詞是「天」③，不是「自然」。道家強調自然，並不是西方哲學的自然主義，把道家的「自然」誤解為自然界④，便導致對「道法自然」一句普遍的錯解了。

《老子・二十五章》最後四句有很多不同的注解，常見的是：「人效法地，地效法天，天效法道，道效法自然。」把最後出現的「自然」一詞看成名詞，是道所效法的對象。這個注解很有可商榷的地方。唐人李約指出：這樣解釋「則域中有五大，（人、地、天、道、自然），非四大矣。」⑤李約所說極是。按這個解說，域中不單有五大，和前面「域中有四大」矛盾，而且《老子・二十五章》裏面的主角很明顯是道：它先天地而生，獨立周行，不改不殆，母儀天下，居域中四大之首，作者對它備極推崇。如果把「自然」釋為名詞，那作者到了全章最後一句，沒有任何解釋理由，忽然在四大之上，加上只此一現，卻凌駕全章主角，四大之首的道之上，連道也必須效法的「自然」，行文未免過於突兀。如果道要向這「自然」效法，那麼道為甚麼還可以稱為「獨立不改」呢？道要向這個突然出現、作者完全沒有片字隻言解釋、交待的「自然」效法些甚麼？如何效法呢？把

③《莊子・秋水》：「『何謂天？何謂人？』北海若曰：『牛馬四足，是謂天；落馬首，穿牛鼻，是謂人。』」牛馬四足是自然如此的，給馬套上羈絡是人為的。今人所謂「自然」，古人稱「天」，是清楚不過的了。

④像陳榮捷在他的英譯《道德經》（*The Way of Lao Tzu*（*Tao-te Ching*））把第二十五章最後一句：「道法自然」，翻成「And Tao models itself after Nature」。

⑤《老子翼・二十五章注》。

「道法自然」解為「道效法自然」，把自然看成道所效法的對象，《老子・二十五章》全章，便因為這最後一句，文理齟齬難安，充滿矛盾了。

較合理、妥帖的解釋是：《老子・二十五章》最後四句裏面凡四見的「法」字，前三次是動詞，作「效法」解，最後一次不是動詞，而是名詞，是「法則」的意思。最後才出現的「自然」不是名詞，而是副詞，形容道運作的法則。四句的意思是：「人效法地，地效法天，天效法道，道（運作）的法則是自然。」「自然」是描述這個無名、獨立不改、周行不殆之道運作的原則，並不是道效法的對象。

這個道運作的原則——「自然」是甚麼意思呢？「自然」的意義是把「自」和「然」這兩個字的個別意義合起來。「自」的意思很清楚，不必多說，就是「自己」、「自我」。「然」在古代漢語是「對」、「是」、「肯定」的意思。《論語》：

仲弓問子桑伯子。子曰：「可也簡。」

仲弓曰：「居敬而行簡，以臨其民，不亦可乎？居簡而行簡，無乃大簡乎？」

子曰：「雍之言然。」〈雍也〉

孔子稱讚子桑伯子簡樸、隨便的生活方式，他的弟子仲弓卻不同意。仲弓認為有意識地選擇簡樸的生活方才值得效法，然而子桑伯子卻只是因為本身的性格，思想簡單，所以行為也簡單（居簡而行簡），並不是有意識地選擇這樣的生活，簡單得有點過分（無乃大簡乎），不值得稱讚。孔子覺得仲弓有道理，說：「雍（仲弓）之言然。」意思就是：「雍說得很對。」這裏的「然」字，便是「對確」，或「是」的意思。把「自」和「然」兩個字各各的意義合起來，「自然」一詞的意思就是「自我肯定」。「道法自然」的意思是，道運作所持守的法則是：自己肯定自己，「道以它自己的樣子為法則。」⑥

《老子》書裏面，除了二十五章外，「自然」一詞，凡四見：十七章、二十三章、五十一章和六十四章。如果把「自然」解為「自我肯定」、「自己幹自己的事」，都沒有不通順、費解的地方，有些地方更和前文相互呼應，把道家的中心思想解釋得更透徹。假若把它當成名詞，解作大自然或自然界，有一兩處，就像在二十五章一樣，文理便齟齬難安、意義難明了。現在讓我們逐一看看《老子》有「自然」一詞的四章。

⑥ 任繼愈，《老子新譯》（上海：古籍出版社，一九八五年），頁一一四。

十七章和六十四章中的「自然」一詞用法相近，連在一起討論。

太上，下知有之⑦。其次親而譽之。其次畏之。其次侮之。信不足焉，有不信焉。悠兮其貴言。功成事遂，百姓皆謂我自然。〈十七章〉

如果把「自然」解為大自然或自然界，「百姓皆謂我自然」一句便有點費解。固然我們可以把它譯為：「百姓都說我只是順從大自然而已」，但原文並沒有「順從」，或跟「順從」同義的動詞。「我自然」三字句，似是以「然」為動詞，不是以「自然」為雙字名詞的。近人任繼愈的語譯：「百姓都說：『我們本來就是這樣的』」⑧。把「自然」解為「自己本來就是這樣的」，或「我只是自己在幹自己的事」，文理暢順，更合原意。《老子・十七章》要說的是：最好的領袖（太上）的管治都是順民之性的，因此人民並不覺得有人在「領導」他們，還以為只是幹着自己本來就要幹的事。十七章開始的第一句：「『太上，下知有之』，謂最好之世（太上），下民僅知有一君之名目而已。意謂過此之外，即無所知也。蓋老子之意，以為至德之世，無事無為，清靜自化。君民之間，除僅相知外，毫不發生其他關係。古代所謂『帝力何有於我』，……（便是）指此種境界……。」⑨把全章結句「百姓皆謂我自然」訓為「百姓都說：『我們本來就是這樣的』」那才和開始一句首尾呼應，清楚說明道家對理想治國方法的看法。

〈六十四章〉：

……九層之臺，起於累土。千里之行，始於足下。為者敗之，執者失之。是以聖人無為故無敗，無執故無失。民之從事，常於幾成而敗之。慎終如始，則無敗事。……以輔萬物之自然而不敢為。

這裏「萬物之自然」和十七章「我自然」一樣，把「自然」解為大自然、自然界不甚妥帖。固然結句可以解成：「輔助萬物的本性」，但也可以跟十七章一樣，解為「幫助萬物自己幹自己的事」。把結句解為：聖人只是輔助萬物自己做自己的事，（不以己意干擾、影響），和上面「民之從事」中「從事」一詞（做事）相

⑦ 有本作：「太上，不知有之」。馬王堆出土帛書《老子》甲、乙本俱作：「下知有之」。今據帛書。
⑧ 同注六，頁九十七。
⑨ 高明：《帛書老子校注》（北京：中華書局，一九九六年），頁三〇六。

呼應。也和《老子》他處出現的「自然」相吻合，於義為長。

〈二十二章〉：

曲則全。枉則直。窪則盈。敝則新。少則得。多則惑。是以聖人抱一為天下式。不自見，故明。不自是，故彰。不自伐，故有功。不自矜，故長。夫唯不爭，故天下莫能與之爭。古之所謂「曲則全」者，豈虛言哉！誠全而歸之，希言自然。

「希言自然」句的「自然」如果當「自然界」解，全章結句的意思是：「少談自然界。」這在字面上固然沒有甚麼不通順的地方。然而，為甚麼聖人少談自然界呢？從文理而言，少談自然界和上文：不自見，不自是，不自伐，不自矜又有甚麼關係呢？但如果把「希言自然」斷為「希言，自然」，把「自然」解為「自己幹自己的事」，二十二章整章的意思是：「聖人不自見，不自是，不自伐，不自矜，……少說話，只做他自己(要做的)事。」那就文氣暢順、意義鮮明了。

有版本把「希言自然」句放在二十三章開首：

希言自然。（故）飄風不終朝，驟雨不終日。孰為此者？天地。天地尚不能久，而況於人乎？……

把「希言自然」一句放在這章的開始，無論把「自然」解為「自我肯定」、「自己幹自己的事」抑「自然界」，都很難把它和下文連接起來。任繼愈是採用這個版本的。他把「希言自然」譯成：「少說話是合乎自然的」，並在下文開始前，加一「故」字，表示下文是「希言自然」的理由。自然界的風雨和人的說話有甚麼關係，為甚麼以風雨來比喻說話？自然界的飄風驟雨不持久，為甚麼因此人也就不應該多說話呢？從飄風驟雨不持久怎樣可以推出少說話合乎自然的結論呢？這一連串的問題都是很難回答的。因此，我以為「希言自然」一句，還是放在二十二章最後，解為「少說話，幹自己的事」，比放在二十三章的開始，更為合適。

〈五十一章〉：

是以萬物莫不尊道而貴德。道之尊，德之貴，夫莫之命而常自然。

在這裏如果把「自然」訓為自然界，「莫之命而常自然」一句便沒有辦法解釋了。因此這一章的注釋都是把「自然」看成副詞，解為「自發」、「自然而然」、「自己做自己的事」，沒有把「自然」當名詞，解為自然界的。不同的注釋只是在甚麼是自然、自發的這一點上有歧異。

任繼愈這章的語譯：「因此萬物沒有不尊崇『道』而珍貴『德』的。『道』所以被尊崇，『德』所以被重視，並沒有誰來命令，它從來就是這樣。」[10]代表了一個比較常見的看法。根據這個看法，「莫之命而常自然」句裏面的「之」字指的是「萬物」，而「自然」是描寫萬物尊道貴德的行為的副詞：萬物並不是受到甚麼外在的命令而尊道貴德的，而是自動自發的。

我接受的是和上面不同的另一種解釋。根據這個注釋「莫之命而常自然」句裏面的「之」字指的不是萬物，而是道和德；「自然」也不是描述萬物尊道貴德的行為，而是道和德自身的運作。「莫之命而常自然」整句的意思是：「沒有（任何東西）命令道德，它們恆常地自己作自己的事」。整章的意思是：「萬物無不尊道而貴德，道德所以受尊重，因為它們（道德）不受命於任何事物，而是恆常自主。」我接受這個解釋有兩個理由：

其一，按第一個解說，萬物都自然而然地尊道貴德。這和《老子》他處所說的不一樣，有衝突。根據〈四十一章〉：「上士聞道而勤行之。中士聞道若存若亡。下士聞道而大笑之。不笑不足以為道。」自然而然地尊道重德的只是上士，中士只是半懂非懂，下士更不單不尊重道德，聞道還大笑，無論這個笑是嘲笑、譏笑，都是不尊重的表現。而且下士不尊重道德是必然的，否則他們所聞的便不是道了。

另一個理由，把「自然」視為道德所以受萬物尊貴的原因，和二十五章「道法自然」相互呼應。讓我們更加明白道位居四大之首的原因，為甚麼「自然」是我們應該仿效的處事為人的法則。

「自然」在《莊子》凡七見，都是把它當成副詞，訓為「自我肯定」、「自己做自己的事」於義為長。這裏僅舉兩例。

古之人在混芒之中，與一世而得澹漠焉。當是時也……莫之為而常自然。〈繕性〉

以趣觀之，因其所然而然之，則萬物莫不然；因其所非而非之，則萬物

⑩ 同注九，頁一七一。

莫不非，知堯桀之自然而相非，則趣操覩矣。〈秋水〉

不必多作解釋，在這兩段引文，特別是〈秋水〉，「自然」都不能訓為自然界，只有訓為「自我肯定」方才文從字順，意義明暢。

不只老莊，戰國之後直到魏晉「自然」一詞都是當「自我肯定」解，鮮有釋為自然界的。在這裏且舉兩例，以見一斑。

漢，王充（約二十七年至一百年）的《論衡・自然》篇：

或說以為天生五穀以食人，生絲麻以衣人，此謂天為人作農夫，桑女之徒也。不合自然，故其義疑，未可從也。……夫天之不故生五穀絲麻以衣食人，由其有災變不欲以譴告人也。物自生而人衣食之；氣自變而人畏懼之。以若說論之，厭於人心矣。如天瑞為故，自然焉在？無為何居？何以天之自然也？

王充的意思很清楚：五穀之長，絲麻之生，都是天在做自己要做的，並不是特意為人準備的。如果是特意為人長五穀，生絲麻，那麼天便不能說是自然——

自己服役自己，自己幹自己的事了。這裏「自然」如果是名詞，訓為自然界或大自然，引文最後一句：「何以天之自然也」便不能解釋了。

東晉名僧釋慧遠（三三四年至四一六年）在〈明報應論答桓南郡玄〉一書裏面說：

> 是故心以善惡為形聲，報以罪福為影響。本以情感，而應自來，豈有幽司？由御失其道也。然則罪福之應，惟其所感。感之而然，故謂之自然。自然者，即我之影響耳。於乎主宰，復何功哉！？

「自然者，即我之影響耳」，清楚了然，是魏晉前「自然」一詞最好的解釋。「自然」在魏晉後，意義才慢慢改變，取代了「天」，解成自然界。這大概因為天是宇宙中最自我肯定，最是自我影響，也就是最「自然」之物。「自然」是天最重要、最特別的屬性，因此便逐漸成了「天」（自然界）的同義詞，後來變得比「天」更流行、常用，取代了「天」在日常詞彙中指自然界的位置了。

在上面不厭其詳地解釋「自然」一詞從春秋戰國直到魏晉時的主要意義，為的是要消除妨礙我們明白道家思想的一塊大絆腳石——錯誤地把「自然」釋為自然界。

材與不材之間

《莊子》有一則很多人曉得的故事：

莊子行於山中，見大木枝葉盛茂，伐木者止其旁而不取也，問其故曰：「無所可用。」莊子曰：「此木以不材得終其天年。」〈山木〉

看到山上的樹全都被伐木的人砍掉了，只剩下一棵，莊子問伐木的人為甚麼不把那棵也砍掉。伐木的回答說，因為那棵樹不能用作木料，沒有用途（也許就像〈逍遙遊〉裏面惠子所說的樗樹：「大本擁腫，小枝卷曲」）。莊子對弟子說；「這株樹因為沒有用，所以得享天年。」不少人根據這個故事認為莊子提倡無用之用，勸誡弟子不要盡顯鋒芒，應該潛藏不露，並且以此為道家主要的思想、訓誨。這是斷章取義，對莊子、道家很大的誤解。上面的引文只是〈山木〉故事的一半。倘若我們把整個故事看完，便知道莊子這個故事並不是提倡無用之用。讓我們繼續看故事的下半：

夫子出於山，舍於故人之家。故人喜。命豎子殺雁而烹之。豎子請曰：「其一能鳴，其一不能鳴，請奚殺？」主人曰：「殺不能鳴者。」明日弟子問於莊子曰：「昨日山中之木以不材得終其天年。今主人之雁，以不材死。先生將何處？」

莊子一行人出山後，當晚住在莊子友人家。友人吩咐僮僕宰隻鵝款待人客。僕人問，「兩隻鵝，一隻會叫，一隻不會叫，宰掉哪一隻呢？」（鵝跟狗一樣，見到陌生人是會叫的，因此，古人有養鵝防盜的。）主人答道：「殺了那隻不會叫的吧。」翌日上路，弟子問莊子：「山上的樹，因無用而得享天年，而主人的鵝卻因無用被殺。老師，您在有用、無用之間又怎樣選擇呢？」莊子的學生問得很好。我們看看莊子怎樣回答：

莊子笑曰：「周（莊子的名字）將處夫材與不材之間。材與不材之間，似之而非也，故未免乎累。若夫乘道德而浮游則不然。無譽無訾。一龍一蛇，與時俱化，而無肯專為。一上一下，以和為量。浮游乎萬物之祖。物物而不物於物，則胡可得而累邪？……若夫萬物之情，人倫之傳則不然。合則離，成則毀，廉則挫，尊則議，有為則虧，賢則謀，不肖則欺，胡可得而必乎哉！悲乎，弟子志之，其唯道德之鄉乎！

莊子笑着回答：「我會選擇在有用（材）和無用（不材）之間。」這個答案，表面看來，極其滑頭，答了等於未答，難以叫問者滿足。但莊子這個「材與不材之間」不能從表面了解。所以莊子馬上便澄清，從表面字義了解這個答案是「似之而非也。」為甚麼似是而非呢？哪方面似是？哪方面而非呢？

「在兩者之間」，既不是「有用」也不是「無用」，這便是答案「似是」的地方；但如果以為「兩者之間」就是執中於「有用」和「無用」兩端，那便是「而非」之處。莊子這裏所謂「之間」是超出、擺脫「有用」、「無用」這兩個觀念，不是固執其中，而是凌駕其上。莊子的意思是：一旦有了「有用」、「無用」的考慮，無論選擇哪一端，或刻意執中，在兩端之間求取其平衡，都已經是有了掣肘，有所待，也就「未免乎累」，不能避免負累了。

真正浮游於道德的人是縱浪大化，無譽無訾（既不求別人認為有用〔譽〕，但也不求被視為無用〔訾〕，），無肯專為的。這樣才是效法道，才合乎自然。材與不材，都是外面來的判斷。就如〈山木〉裏所說的樹，就其本身而言，牠生來便是這個樣子，哪有甚麼有用或無用，材或不材？材（有用）只是樹之外的人認為有用，不材（無用）也只是樹之外的人認為無用，樹的自身並無材與不材之別。今日的社會往往要我們作個「有用」的人，也就是對「社會」——我以外的人——有用。有些人怕樹大招風，故意要做個無用的人，這個無用也只是對他所處的社會，我之外的人，無用。心內常存「有用」、「無用」的牽罣，自身能否存在必須決定於他人視自己為有用抑無用，又安得自然？

《莊子・馬蹄》：

> 馬，蹄可以踐霜雪，毛可以禦風寒。齕草飲水，翹足而陸，此馬之真性也。雖有義臺路寢，無所用之。及至伯樂，曰：「我善治馬。」燒之、剔之、刻之、雒之，連之以羈馽，編之以阜棧，馬之死者十二三矣；飢之、渴之、馳之、驟之、整之、齊之，前有橛飾之患，而後有鞭筴之威，而馬之死已過半矣。……然且世世稱之曰：「伯樂善治馬。」

一個人如果刻意尋求「材」、「不材」，或介乎兩者之間，平衡兩端的中點，就像馬放棄了踐霜踏雪，食草飲水，「喜則交頸相靡，怒則分背相踶，」亟亟追求被伯樂等人視為有用，成為人眼中赤兔、的盧般的名馬；或刻意讓伯樂視為無用，避免羈馽鞭筴之苦，那便都未免乎累，讓伯樂（其他人）的要求牽着自己的鼻子走。（故意「不材」其實也是被牽着鼻子走的）。

「無為」的意思

我們還可以從另一方向探索「自然」。在先秦兩漢，「自然」往往和「無為」連在一起出現的。如上面引過王充《論衡・自然》：「如天瑞為故，自然焉在？無為何居？何以天之自然也？」接下去：「至德純渥之人，稟天氣多。故能則天自然無為。」又如《老子・六十四章》：「為者敗之，執者失之。是以聖人無為故無敗，無執故無失。……以輔萬物之自然而不敢為。」都是把「自然」、「無為」連在一起，像是一物的兩面。

《莊子・繕性》：「古之人在混芒之中，……當是時也，莫之為而常自然。」「莫之為」也便是「無為」。還有不少地方，雖然字面上不明顯，但意義上卻是把「自然」和「無為」連結一起的。〈逍遙遊〉：「今子有大樹（上面提到過的樗），患其無用，何不樹之於無何有之鄉，廣莫之野。彷徨乎無為其側，逍遙乎寢臥其下。不夭斤斧，物無害者，無所可用，安所困苦哉！」逍遙也者便是自然[11]；

又〈天地〉篇：「夫明白入素，無為復朴」。朴（樸）便是道。這裏說「無為復朴」，也就顯出「無為」和「道」之間的緊密關係了。

「無為」是甚麼意思呢？「無為」是一個負面詞，負面詞的意義一般是與它相關的正面詞的相反。錢穆說：「世必先有黑之一語與黑之一觀念之存在，乃始有非黑之語與非黑之觀念之出現，……此顯見而易定也。」⑫要明白「非黑」這個觀念，我們必得先了解「黑」是甚麼。「無為」是一個負面觀念，要明白它的意義，我們需要找出和它相反的正面觀念是甚麼。和「無為」相反的正面觀念有以為是「為」。「為」的意思是「工作」、「行動」、「幹事情」。如果「無為」是「為」的相反，那便是甚麼都不幹，沒有任何行動。雖然有人以為道家的「無為」就是甚麼都不幹，沒有行動，任人擺佈。這個看法是錯誤的，「無為」不是甚麼都不幹，而是一種特別的行為，特別的行動，一種幹事情的特別方法，是「為」的一種。《老子・六十三章》說「為無為，事無事，味無味」，可見無為是可以為的，是道家鼓勵我們應該做的行為。在道家的思想裏面，和「無為」相反的正面觀念不是

⑪ 成玄英疏：「逍遙，自得之稱。」
⑫ 錢穆，《莊老通辨・序》（台灣：東大圖書公司，一九九一年），頁九。

「為」，而是「有為」。

「有為」一詞屢見於儒家典籍，是儒家鼓勵，推詡的行為。最早出現大概是《書經・洪範》：「凡厥庶民，有猷有為有守，汝則念之。……人之有能有為，使羞其行，而邦其昌。」

在《論語》「有為」沒有出現，然而，《孟子》裏面出現的次數卻很多，茲舉數例如下：

故將大有為之君必有所不召之臣。欲有謀焉則就之。其尊德樂道不如是不足與有為也。〈公孫丑下〉

顏淵曰：「舜何人也，予何人也，有為者亦若是。」〈滕文公上〉

孟子曰：「……自棄者，不可與有為也。」〈離婁上〉

孟子曰：「人有不為也，而後可以有為。」〈離婁上〉

上面的例，「有為」都是正面的，指的是有抱負，有目標，求上進。因此箕子在〈洪範〉教誨武王治國必須尊敬有為的人，褒揚他們有為的行為，那麼國家便可以興盛了。孟子在〈公孫丑上〉指出有抱負、要幹一番大事業的執政者（大有為之君），必須肯紆尊降貴，禮賢下士，否則便成不了大事（不足與有為也）。在〈滕文公上〉更表示，只要肯立志向上，看準標竿前進，任何人都可以成為聖人（有為者亦若是），倘若自暴自棄，自己看不起自己，便不能有大成就了（不可與有為也）。「有為」是儒家所鼓勵，有目的，有方向，奮發，進取的行為的名稱。儒家後來成為中國思想的主流，「有為」就成了一個褒詞。今日，我們讚人「年青有為」、「有為好學」便是例子了。

道家和儒家對事情的看法不同，「世之學老子者則絀儒學，儒學亦絀老子。『道不同不相為謀』，豈謂是邪？」（《史記・老子韓非列傳》）道家裏面不少負面的觀念都是針對儒家所主張的正面觀念而提出的，如「無名」就和儒家的「正名」唱反調。「無為」也是針對儒家的反調中重要的一個，是專門反對儒家的「有為」思想的。「有為」指的是有目標的行為，「無為」也便是反對有目標的行為。有目標的行為有甚麼不對？為甚麼道家要反對？

有些「有為」的行為就是儒家也反對的，甚至斥為姦人之道的。《荀子・禮論》：

故情貌之變，足以別吉凶，明貴賤親疏之節，期（斯）止矣，外是，姦也。雖難，君子賤之。故量食而食之，量要而帶之，相高以毀瘠，是姦人之道也，非禮義之文也，非孝子之情也，將以有為者也。

為了表示自己的孝心，有人在父母離世，守喪期間，刻意地減少進食的分量，預先量度自己的腰圍，然後故意穿上寬闊不合身的衣服，束上過長的腰帶，把自己裝扮得格外瘦削、憔悴，看上去叫人覺得他哀毀逾恆，連自己的身體也沒有好好照顧。荀子稱這些為「姦人之道」，並不合乎禮義。他還加上一句，他們這樣做是「將以有為者也」。這些「有為」的行為所以被荀子斥責是因為它並不是出於真性情，而是虛偽裝假，為了一個不正確的目的——博取他人的稱讚。在道家看來，一切「有為」，也就是有目的的行為，都是「憒憒然為世俗之禮，以觀眾人之耳目」，並非自己幹自己的事，違反了自然，所以都不對。他們提倡的是相反的「無為」，無論待己對人都應自然，自己肯定自己，助他人肯定他們的自己，不應存有甚麼其他的目的。

就待己的立場而言：乘道德而浮游的道家聖人，他們的行為完全是自發的，如王弼所說：「自然已足，為則敗之」（《老子注・第二章》）。〈論衡〉論到天，天四時運作，五穀絲麻生長，並不是為了供給人類衣食，只是自己幹着自己的事。其實，不必談到天這樣高深的概念，蠶也不是為了人而吐絲的。歐洲未從中國發現蠶絲用途之前，歐洲的蠶都在吐絲。人法天，人的行為也應該是這樣，不是為了自己以外的原因才做的。

《老子・五十五章》用了一個人生理的例，十分妥帖，大概古人認為有點不雅，所以後之論者鮮有提及：「含德之厚，比於赤子，……未知牝牡之合而峻作，精之至也。」「峻」亦作「朘」，《說文》釋為：「赤子陰也」。任繼愈這句的語譯：「包含的『德』的深厚程度，應該比得上無知無欲的嬰兒。……他還不知道甚麼是男女交合，而他的小生殖器常常勃起，因為他有充沛的精氣。」⑬嬰兒生殖器的勃起是自然的生理現象，並不是因為要交合，是沒有外在目的的。道家認為我們的行為也應該是這個模式——自然生發，沒有目的。這個道理，其實儒家也不會反對。孟子在〈公孫丑上〉說到乍見孺子將入於井所生的怵惕惻隱之心，後面加了兩句：「非所以內交於孺子之父母也；非所以要譽於鄉黨朋友也。」便是強調所要培育的仁端，是沒有任何外在目的，並非要建立和孺子父母的關係，或爭

⑬ 同注六，頁一七九。

取社會的美譽，而是自然發生，道家所謂「無為」的行為。

從對他人的方面去看，道家認為，除了自己不憒憒然為世俗之禮，以觀眾人之耳目外，也不應勉強他人憒憒然為世俗之禮，以觀我們的耳目。勉強別人守我們認為良好的禮法，就像《莊子・馬蹄》的伯樂，不顧馬的死活，硬是要把馬訓練成他所謂的良馬。儒家，在道家眼中，就是社會裏面的伯樂。《論語・為政》：「道之以政，齊之以刑，民免而無恥；道之以德，齊之以禮，有恥且格。」無論法家也好，儒家也好，都要把民「齊」起來。不同的只是一個以法，一個以禮而已。希臘神話裏面有位叫普洛克路斯忒斯（Procrustes）的人，宣稱他旅店的牀無論甚麼身材的人睡上去都適合。太高的客人躺上去，他便把客人的腳斬去一截；太矮，便用機器把他的身體拉長，務求客人的身量和他的牀齊一。《老子・三十八章》：「上禮為之而莫之應，則攘臂而扔之」。上禮之人指的就是「齊之以禮」的儒家之徒，對不「齊」之人便捲起衣袖動粗了。這是不是《老子》誇大其詞呢？不是的，我們試看下面一段《荀子・王制》：

> 姦言，姦說，姦事，姦能，遁逃反側之民，職而教之，須而待之。勉之以慶賞，懲之以刑罰。安職則畜，不安職則棄。……以善至者待之以禮；以

不善至者待之以刑。

那還不是「莫之應攘臂而仍之」？不就像普洛克路斯忒斯一樣，長割短扯，務要使人和他供應的牀齊一嗎？

道家看到「有為」這些可怕之處，他們倡議：「聖人無常心，以百姓心為心。善者吾善之，不善者吾亦善之，德善。」（《老子．四十九章》）這和「上無為而民自化」（〈五十七章〉），「輔萬物之自然而不敢為」（〈六十四章〉）同義，這就是「無為」。《老子》也用了一個比喻說明這待人之道：「上善若水。水善利萬物而不爭，處眾人之所惡。」待他人要似水一樣。水滋潤萬物，沒有按己意選擇只滋潤某一類生物，幫助萬物正常地自我生長。水能適應任何容器，在方為方，在圓為圓，而且往往向卑下處流，積存於隱蔽的角落。真正幫助別人的人也該以水為榜樣。幫助他人作他自己，肯定他自己，讓他們過他們所喜歡的生活，以被幫助的人的心為心，而不是硬把一己的要求、模式強加於他人的身上，迫使他人過你要他們過的生活。

道家的道，是不能描述的，但所有可經驗的事物都是從道而出。萬物的出生，是道自然的運作，是無為的、沒有目的的。在宇宙中，人是幾個與道相似，本性是潛能之物。人應該效法道的自然、無為。人間世的理想，就是維持人，和其他萬物的自然。理想的人際關係是無為，讓所有人都可以自然、無待，可以彼此相忘，而不是建立一個彼此互連、不能互缺的有為關係的社會。

反和弱：反不是循環，弱並非怯懦

道家的思想要「人法道」，「為無為」。道是不能名狀，是萬物的潛能。既曰「潛」，也就必須運作、發展。用道家的術語，道必須出（「出而異名」，《老子・第一章》）、作（「萬物作焉而不辭」，《第二章》）、往（「道惡乎往而不存」，《莊子・齊物論》）、逝（「大曰逝，逝曰遠，」《二十五章》），才會出現於經驗世界。「逝曰遠」：道的發展和運作的可能和變化，廣大深遠，無可限量，沒有一樣東西不是從它而出的，也沒有一樣東西不能從它而出。人和道一樣，本體是潛能，也可以有很多不同、廣遠的發展。當人「出」，發展他潛能的時候，應該效法道出的原則——自然，「道法自然」：自我肯定，逍遙自在，無待於他人；同時又是「無為」：不求觀眾人之耳目，不博取他人的認同，沒有迎合他人意見的負累。

「反者道之動」：「反」不是循環

任何道的發展都只能是道的一部分，是有限制的，不能像未發展，還是潛能狀態時的無窮無盡。《老子・四十七章》提出警告：「其出彌遠，其知彌少」。

道一出便有了名（始制有名）（〈三十二章〉），便成了器，無論出得多遠，發展得如何卓越，它只能有器之「利」，失去了為道時的大「用」了。因此道家提醒我們要「知止」：「名亦既有，夫亦將知止，知止可以不殆。」（〈三十二章〉），人在「出」、發展潛能的時候，面對和道同樣的危機，很容易忘記了，失去了人的大「用」，變成只有「利」的器物。人須要向道學習，在逝、出、作、往的時候知止，這樣才可以不殆，不傷害本體最重要的質性，保存人的潛能。怎樣才可以知止呢？除了上章提到的「自然」和「無為」兩個大原則外，道家還提出兩個道運作時的態度，效法道運作的人需要留心的。這兩者就是〈四十章〉：「反者道之動；弱者道之用」所提到的「反」和「弱」。

「反」也稱「復」。〈十六章〉：「致虛極，守靜篤。萬物並作，吾以觀復。」「反」和「復」，歷來注《老子》的，有好幾個不同的解釋。比較常見的是把「反」、「復」解作「循環」。

高亨在《老子正詁》指出：

> 道循環而不息者。即宇宙之母力，無處不有，無時不動，未嘗稍息。若日月之更遞。歲時之往復，皆此力之鼓盪也。……四十章曰：「反者道之動，

弱者道之用。」正謂此也。①

陳榮捷說：

「反」回原處是《老子》一個主要的理論。它對中國常見「循環」這個觀念有不小的影響。根據這個觀念，中國人相信歷史和現實的運作都是循環（圓形）的。②

根據這個解釋「反者道之動」裏面所謂「反」指的是自然界的循環運作，周而復始，如日夜、四季、花草的枯榮……等等。

另一個多人接受的解釋是：「物極必反。」事物發展到了一個程度一定會向

---

① 高亨：《老子正詁》（北京：古籍出版社，一九五六年），頁五。

② "The doctrine of returning to the original is a prominent one in the Lao Tzu. It has contributed in no small degree to the common Chinese cyclical concept, according to which the Chinese believe that both history and reality operates in circles." Chan, Wing-tsit（陳榮捷）, *The Way of Lao Tzu*. The Bobbs-Merrill Company, Inc. Indianapolis, New York, 1963, p173。本書作者自行翻譯此段文字。

反面發展。

事物變化之最大通則，則一事物若發達至於極點，則必一變而為其反面。此即所謂「反」，所謂「復」。……此皆事物變化自然之通則，《老子》特發現而敍述之……。③

又

「動」即「運行」，「反」則包含循環交變之義。「反」即「道」之內容。就循環交變之義而言「反」以狀「道」，故老子在道德經中再三說明「相反相成」與「每一事物或性質皆可變至其後面」之理。④

又

「反」者是辯證的核心，相反之事物彼此對立，又相互依存。……宇宙間萬事萬物既對立又依存相互運動，其中主要是「反」的作用。……「反」的本義是使事物向自己對立方面發展，轉化的辯證規律。⑤

他們都列舉《老子》的章句為支持例證，如：「禍兮福之所倚；福兮禍之所伏。」（〈五十八章〉）；「有無相生；難易相成；長短相形；高下相傾；音聲相和，前後相隨。」（〈第二章〉）等。道家思想的確不少時候論及萬物的循環，和正反相生的道理，然而，「反」指的應該不是循環，也不是正反相生，因為《老子》提到「反」的時候，往往是要求反回一個定點的。

致虛極，守靜篤。萬物並作，吾以觀復。夫物芸芸，各復其根。歸根曰靜。靜曰復命。復命曰常。知常曰明；不知常妄作，凶。〈十六章〉

按十六章所說，「復」（也就是「反」）是復回其「根」，根是一個定點，本來

③ 馮友蘭：《中國哲學史》（出版社、出版日期不詳），頁二二六。
④ 勞思光：《中國哲學史‧第一卷》（臺北：三民書局，一九八二年），頁一八六。
⑤ 高明：《帛書老子校注》（北京：中華書局，一九九六年），頁二十七。

開始的地方。只是線才有起點、終點，圓圈是沒有始終的。循環是圓形運動，哪一點是起點？哪裏是根？反和復是要求返回起點：根，因此指的不該是沒有終始的循環，或向相反方向的轉化。上面兩種解說都未照顧到「各復其根」這一點，沒有解釋「根」指的是甚麼，是很有可商榷之處的。⑥

各復其根：甚麼是萬物回反之根？

劉殿爵在他的英譯《老子》提出了另一種和以上兩種不同的解說。他說：

> 反就是「復其根」，而根指的當然是柔弱。意思是當一件事物發展到它的極限，便會反回它的根，那就是衰退。這是無可避免的。這裏並沒有說反回其根之後，（再）發展是無可避免的。換言之，這絕不是個循環的過程。事實上，發展不單只非必然，更是個緩慢漸進的過程，每一步都需要刻意努力。發展和衰退是兩件性質截然不同的事。發展是緩慢漸進的；而衰退是快速而突然的。發展要成功每一步都需要刻意的努力；衰退的發生卻是自然而一定的。整個過程不是像走馬燈，而是像小孩子滑滑梯。一個人辛勞地爬到最頂，只一放手，往下滑是快速、突然、無可避免、徹底的。⑦

劉殿爵不同意「反」指的是循環，認識到「反」是「各復其根」——反回到一個定點。他認為這個要反回的定點是《老子》所說的弱，就是退化、衰敗。而《老子》「並沒有說反回其根之後，（再）發展是無可避免的，」所以退化、衰敗以後，便不會再發展，再也不存在了。直接一點來說，各復其根就是萬事萬物都不能永存，都會消失、滅亡。按劉殿爵的看法，為了避免反回其根——衰敗、滅亡，道家建議我們不發展，甚至積極地拒抗任何的發展。他說：

---

⑥ 陳榮捷看到這一點，他說：「『反』回原處是《老子》一個主要的理論。」但他仍然認為「反」指的是「循環」，也沒有解釋為甚麼循環可以有「原處」。

⑦ "To turn back is'to return to one's roots', and one's roots are of course the submissive and the weak. All that is said is that a thing, once it has reached the limits of development, will return to its roots, i.e. will decline. This is inevitable. Nothing is said about development being equally inevitable once one has returned to one's roots. In other words, it is never said that the process of change is cyclic. In fact, not only is development not inevitable, it is a slow and gradual process, every step of which has to be sustained by deliberate effort. Development and decline are totally different in nature. Development is slow and gradual; decline is quick and abrupt. Development can only be achieved by deliberate effort; decline comes about naturally and inexorably. Rather than a merry-go-around the process of change is like a children's slide. One climbs laboriously to the top, but once over the edge the downward movement is quick, abrupt, inevitable and complete." D.C.Lau（劉殿爵）: *Lao Tzu—Tao Te Ching*. Middlesex, England, Penguin Books, 1967; p.27。本書作者自行翻譯此段文字。

一個人可以堅持這個認識（所有發展至終必徹底衰敗）不為任何發展付出所需的努力，在特殊情況下，甚至積極地阻擋這些發展。一個窮人可以不肯花任何氣力賺錢以繼續維持困窮，假如他的一位非道家的伯父，不顧他的意願，遺給他一大筆家產，他仍然可以固執地把所有的錢財送掉，不留分文，維持貧窮的。⑧

這把道家思想看得十分悲觀，而他認為道家所提的解決辦法：「為了避免反回其根——徹底衰敗，道家建議我們不發展，甚至積極地拒抗任何的發展，」更是消極得有點滑稽。就像建議鬬拳的一上臺便先自躺下，聲稱這是避免被對方擊倒的上策。劉殿爵雖然看到「反」不是循環運作，而是回到一個定點，但他認為道家所說這個萬事萬物都要回復的定點——根是「弱」，又把「弱」釋為「衰退」，他的解釋也是有待商榷。

其實，《老子》不只說「各復其根」，而且用了很多比喻清楚說明「根」指的是甚麼。〈二十八章〉：「知其雄，守其雌，為天下谿。為天下谿，常德不離，復歸於嬰兒。……知其榮，守其辱，為天下谷。為天下谷，常德乃足，復歸於樸」，道家要我們反回的定點，也就是要回到的根，是像嬰兒，像樸，這些根的比喻沒有一個可以解釋為弱。這些比喻的重點是在物之潛能，道「復其根」，就是回到未出、未逝前的潛能狀態。

再以樸為例看看道家「反者道之動」的意思。樸是未加工的木料，在木器世界裏面是無名的：不是木器世界的語言、詞彙可以描述的。在木器世界裏面，樸不只是無名，更可以說是「無」：在木器世界裏面找不到，不存在於木器世界。然而樸卻盡有所有木器的潛能，盡有各種不同木器：木盤、木杯、木椅、木箱……等之用。這就是〈十一章〉所謂：「無之以為用」的意思。把樸割開可以製成不同的木器（樸散則為器），這些從樸製成的木器各有自己不同的功用，不能互換，木盤難以載酒，木瓶不能盛飯，這些局限於只某一種器物的用途，〈十一章〉稱為「利」，以別於「用」，那就是「有之以為利」的意思。

人可以發展成各類不同的人物：醫生、工程師、音樂家、作家、英雄好漢、

⑧ “One can follow the precept by refusing to make the effort necessary for development and in unusual circumstances by making a positive effort to defeat such development. A poor man can remain poor simply by not making the effort to acquire wealth, but should he be left, against his will, a large legacy by a non-Taoist uncle, he can still stubbornly hold on to his poverty by giving the money away.” 同上。本書作者自行翻譯此段文字。

無賴小人……，就像樸可以被製成不同的器物一樣。然而，因為人是和道相似的四大之一，他和其他東西，如木料、瓷土等等，有非常不同的一點：其他東西一旦被製成器物，便失去它的潛能，難以回轉，反回物料的狀態。譬如瓷土，被製成瓷瓶以後，無論形狀、功能，就固定在瓷瓶上面，不能再轉成他物。就是把它再打碎，碾成粉末，也不能再把這些瓷粉陶造為另一器物。用道家的術語：陶泥燒成了瓷器以後，便往而不反，變成有利而無用了。然而人既和道同大，也和道一樣可以反，回到未出前的潛能狀態。「反者道之動」，就是要人效法道，避免「往而不反」，出而成器之後，還可以反，保留成器之前的「用」。

以演員為例吧。一個演員，飾演莎士比亞名劇裏面的羅蜜歐，演來精彩傳神，二、三十年來，提到羅蜜歐這個角色，除他以外，不作他人想。然而，除了羅蜜歐以外，甚麼其他角色他都飾演不來，且不要說電影裏面的西部片、偵探片，就是文藝片如《傲慢與偏見》，甚至其他莎劇的角色，好像哈姆雷特、奧塞羅……通統不成。絕無疑問，他是個演羅蜜歐的專家，然而他可還是個演員？「演」員應該有扮演不同角色的潛能，越多可以扮演的角色便越是好演員。只能演一個角色，就成了該角色——如羅蜜歐——的專家。專家只有演該一特別角色——如羅蜜歐——之利，但卻失去了演員之用了。這不是說一個好演員要拒絕扮演任何特定的角色。展示演員的才能，演員必須扮演一個特別的角色。為了要保存演員之「用」而拒絕扮演任何角色，是自欺欺人。好演員不是不扮演任何特定角色，而是扮演特定角色的時候，能夠保持他演員的潛能，隨時能夠「知反」、「可復」，有需要的時候可以扮演其他不同的角色。

人生就像一場戲，你我都是演員，我們一生中扮演不同的角色。但就像演員一樣，我們不能讓自己被囿禁在一兩個角色之內。在這方面，就是重視名位，提倡「正名」、「素位」，和道家唱反調的儒家也認為：「君子不器」（《論語・為政》），因為人比他在生命中所扮演的任何角色（器）都要大，價值都要高，《老子》問：「名與身孰親？」是發人深省的。

然而，今日的社會往往重視角色多於扮演角色的人。不只是趨炎附勢的人才重視名位，才按人所扮演的角色待人。就是我們自己往往也重視所扮演的角色多於自己的本身。試看多少人因為失去了工作而自殺，或者退休後遑遑不可終日——不曉得如何生活？這都是往而不知反的症候。〈四十七章〉：「其出彌遠，其知彌少」，這是今日不少專家的真實寫照。專家在他的行業越長久，專業知識越深，名氣越大，地位越高，往往便逐漸失去本來的潛能，能夠扮演另一個角色，換另一個行業的能力越來越低，能夠快樂地換另一個角色、行業的便更加少了。

他們對本身專業以外的世界所知的也越來越少，他們的生命和他們的專業再也不能分割。落到這個景況，如道家所說，是殆矣，殆而已矣！這不是說老子反對人在社會中選擇一個職業，守着一個崗位，當專家，雖然「埏埴以為器，當其無，有器之用」，「大制不割」，但我們的生活不能靠無之用，有之利還是必需的。在實際生活裏面，割是不能避免的。就如當演員的，不能不扮演一個角色一樣。道家不是要求我們「不割」，只是勸誡我們割了以後要「知止」：「始制有名。名亦既有，夫亦將知止，知止可以不殆。」（〈三十二章〉）割了以後，成器，有了器之利以後，便要知道到哪裏便得停止。如果不知道器的界限，不懂得停止那便殆矣，危險了。《莊子‧天下》：

> 天下大亂，賢聖不明，道德不一，天下多得一察焉以自好。譬如耳目口鼻皆有所明不能相通。猶百家眾技也，皆有所長，時有所用。雖然，不該不遍，一曲之士也。……天下之人各為其所欲焉以自為方，悲乎！百家往而不反，必不合矣。後世之學者，不幸不見天地之純，古人之大體，道術將為天下裂。

今日的專家往往不曉得他們專業的局限，以為自己的專業觀點就是唯一真理，各為其所欲焉以自為方，這不止道術將為天下裂，就是這些專家本身的人之價值，也將失掉了純全大體，那才是真正悲乎，殆而已矣。

然而，成器以後怎樣才能反呢？

弱者道之用：何謂弱？

很多演員因為扮演某一角色特別出眾，為了避免過分與角色認同，被定了型，損害前途，毅然拒絕再扮演同類角色。譬如，上世紀五、六十年代以演占士邦名噪一時的辛康納利（Sean Connery）演過六部占士邦電影後，就是電影公司重金利誘，都再不肯飾演該角色了。[9] 不只演員，柯南・道爾（Arthur Conan Doyle）也是為了同一原因，在他的福爾摩斯偵探短篇風靡全歐之際，安排福爾摩斯與死敵莫里亞蒂同葬身瑞士的來坎巴克瀑布。此後十年，除了《巴斯克維爾

⑨ 十多年後，一九八三年他再作馮婦多演了一部：*Never Say Never Again*，港譯《鐵金剛勇奪巡航飛彈》，片名原意是《永不言不》，這部電影的名字是辛康納利起的，自嘲他曾經一度誓言永不再飾演占士邦一角。

的獵犬》（*The Hound of the Baskervilles*）一書當福爾摩斯死前的舊案發表外，再沒有寫過以福爾摩斯為主角的小說了。名指揮普列文（Andre Previn）在上世紀中葉，為了要當古典音樂的指揮，避免被定型，放棄了他在爵士、電影音樂紅極一時的事業。道家並沒有鼓勵我們採取這些偏激的行動，在事業的巔峰，毅然引退；或經常轉換職業，以避免「往而不反」。道家只是要求我們「知止」，「既得其母，以知其子。既知其子，復守其母，沒身不殆。」（〈五十二章〉）要我們明白職位的邊限，明白不該以身殉名，成了器（知其子）的時候還要緊守人的潛能（守其母）。怎樣才能「守其母」？怎樣才能容易反回我們的根？這便要明白，〈四十章〉：「反者道之動；弱者道之用」。這章的前一句意思是：道的運作是不忘「反」，時刻保存復歸於樸（反）的可能；後一句的意思是：要往而能反，要能復歸於樸，在往的過程中，表現應該是「弱」。「弱」是道動時應該有的表現。

道家著述喜歡「詭辭為用」，「正言若反」，把一般常用的負面詞冠以正面的意思從而突出他們與眾不同的思想：他們的哲學重視「無」過於「有」（「無之以為用」，〈十一章〉）；認為「下」勝於「上」（「江海所以能為百谷王者，以其善下之」，〈六十六章〉）；「損」強於「益」（「為學日益，為道日損」，〈四十八章〉）；「曲則全，枉則直，窪則盈，敝則新」（〈二十二章〉），「曲」、「枉」、「窪」、「敝」

一般用法都是帶貶義的，而這裏全都是正面的。「弱」也是道家的「詭辭」之一。〈三十六章〉清楚地表明了道家對弱的意見和一般看法迥異：一般人都認為強優於弱，然而《老子》卻偏偏說：「柔弱勝剛強」。《老子》提到弱都沒有衰退消極的意思。「天下莫柔弱於水，而攻堅強者莫之能勝」（〈七十八章〉），最柔弱的水，《老子》看成是「攻」堅的至佳武器：「上善若水。水善利萬物而不爭」（〈八章〉）柔弱的水最能「利」萬物；「天下之至柔，馳騁天下之至堅，出於無有，入於無間。」（〈四十三章〉）宇宙中至柔弱之物，可以「馳騁」、「出入」於天下。「攻」、「利」、「馳騁」和「出入」都不是衰敗、消極，而是進取、積極的。

為甚麼弱勝於強呢？柔弱在道家思想裏面是甚麼意思呢？除了〈七十八章〉以水為喻之外，《老子》還以草木為喻：

> 人之生也柔弱，其死也剛強。萬物草木之生也柔弱，其死也枯槁。故堅強者死之徒；柔弱者生之徒。是以兵強則滅，木強則折。強大處下，柔弱處上。〈七十六章〉

道家用草木和水來解釋何謂柔弱。草木有生命的時候是柔弱的，能夠隨風搖曳；然而當它萎謝以後便變得枯脆易斷，往往遇風則折，失去這種柔弱了。從這方面去看，水比草木更為柔弱。水的適應力極高，把水倒進容器，它遇圓則圓，遇方則方，甚至極不規則，三曲九彎的形狀，它都可以妥貼地、不留任何縫隙地，把容器充滿。這種因應外在環境的應變能力就是道家所說的「柔弱」，因此道家曰：「上善若水」（〈八章〉），以水為道之用，道行為表現最高境界的榜樣。然而水並不是沒有原則地怯懦妥協，反而是「攻堅強者莫之能勝。……無以易之」的東西，假以時日，堤壩被壓破，鐵柱被鏽蝕，嶙峋怪石被磨滑……都是柔弱的水攻堅的結果。《老子》裏面「弱」的第一義是：靈活的應變力。

《莊子‧養生主》記載庖丁（屠匠）的故事：一般庖人（族庖）每個月便得換一把新刀，就是優秀的庖人（良庖），也得每年換一把。然而庖丁的「刀十九年矣，所解數千牛矣，而刀刃若新發於硎。」他解牛（把整隻牛分割開來）十九年之久，所用的刀還像剛磨好時一樣的鋒利。為甚麼？因為「彼節者有間，而刀刃者無厚；以無厚入有間，恢恢乎其於遊刃必有餘地矣。」牛的關節之間定必有空隙，而一把刀的厚度有限，如果不硬和牛骨互撼，看準關節間的空隙用刀，牛自然應刃而解，「如土委地」，而屠刀也不會容易挫鈍，崩折。以無厚入有間，不硬砍硬割，視形勢靈活反應便是道家所謂弱。

今人辦事，崇尚勇往直前，不讓步，不妥協，用流行的廣東俗語：「絕不轉軚」視轉軚為十惡不赦。其實，要達成目的，轉軚不只不是件壞事，更是絕不可少的。試想早上乘車上班，行車途中要轉多少次軚才能抵達目的地？要是絕不轉軚，不到百尺，不是碰到另一輛車，便是駛上了行人通道，或者撞到山邊，車毀人亡了。轉軚並不一定表示放棄原則，改變目的。為了達成目的，因時制宜，避重就輕的「轉軚」，便是道家的「弱」。〈養生主〉庖丁用刀之法就是弱，雖然弱，結果牛還是被解，目的仍然達到，而且刀刃和剛磨好時一樣的鋒利。水雖然是天下間至柔弱之物，但攻堅強仍然莫之能勝。

「弱」的第二義

「弱」的第二意義是：製而成器的時候，不滯留在所成之器的器用上。這和上述的「弱」的第一義相似，但有很重要的分別。前面的「弱」指的是「運作」的態度：流動而不凝滯，變化而不僵執，活潑而不頑梗。這裏的「弱」是指對所成之「器用」的態度。玆舉一例，一個人當上了經理，前面的「弱」是他處事時應該持有的態度；後面的「弱」是他對經理這個位置、功能的看法。

是以聖人處無為之事，行不言之教。萬物作焉而不辭，⑩生而不有，為而不恃，功成而弗居。夫唯弗居，是以不去。〈老子・二章〉

故道生之，德畜之、長之，育之、亭之、毒之、蓋之、覆之。生而不有，為而不恃，長而不宰，是謂玄德。〈老子・五十一章〉

「生而不有，為而不恃，長而不宰，功成而弗居」便是道「弱」(第二意義)的表現，也是道家認為與道同大的人對他所成之器和用(他的職位、身分、影響、貢獻)所應有的態度。這裏最主要的是「弗居」，「居」是一個膠滯的狀態，一居便不願意反，久居更是不能反。「有」、「恃」、「宰」是叫人容易「居」的態度，是道家警告我們要避免的。人本來應該似道一樣不停反復運作，卻因為「有」、「恃」、「宰」，把自己囿禁於，也就是「居」於所成之器的層面，往而不能反了，所以成器之後要不有、不恃、不宰，這就是「弱」。簡單一點來說，弱就是要我們把自己和自己的工作、權位保持距離。

不少人批評道家這個道理，認為我們工作的時候要投入，如果一味明哲保身，就是缺乏責任感，做事沒有承擔，不能負重任，成大事。這是因為評者不明白「弱」的第二義。跟所任的工作、所有的權位保持距離，並不是不盡力，沒承擔，缺乏責任感。我們仔細看看前引《老子》第二和五十一兩章，裏面建議的不有、不恃、不宰，都不是描寫工作的態度，而是對事情的成敗，一己的權位，共事的同儕的態度。

「生而不有」：工作有了成果並不因此視成果為一己之物。「不有」的是工作的結果。不有並不表示不愛護，不珍惜。這裏既然用了個「生」字，最簡單易懂的例，就是我們所生的子女不是我們所擁有的財產。我們愛子女必須懂得甚麼時候「放手」。這個放手並不只是讓他們有他們自己發展的空間，也是讓自己有自己的生命。這個原則也可以行之於待人接物。有人管理公司一個部門有了成果，便把部門視為一己的王國，別人不能過問。到了退休年限，要不是拼死攬着不肯放手，就是放手以後遑遑不可終日，好像生命已經完全失去了意義。這便是「生而有之」的結果。

「為而不恃」：辦事的時候不矜誇自己的能力。不恃（矜誇）的是一己的能力。我們盡力把工作做好是本分，沒有甚麼值得炫耀矜誇的。這種人生態度，陶淵明的〈形影神〉裏面〈神釋〉一詩其中兩句表達得很清楚。〈形影神〉合共三首

⑩ 高亨在他的著作《老子正詁》把「辭」訓為「司」，而「不司」和「不宰」同義。

詩，根據陶淵明自己的序是用以釋惜生之惑的。第一首〈形贈影〉表達的是「得酒莫苟辭」，及時行樂的人生態度。第二首〈影答形〉是以儒家立善不朽為惜生的答案。從詩結束的四句：「立善有遺愛，胡可不自竭。酒云能消憂，方此詎不劣！」可以知道清楚。行善有遺愛，為後人稱頌，也就是立德，較諸及時行樂，豈不是更高一籌！然而，這仍然不是靖節先生的答案。

陶淵明的答案是〈神釋〉一詩，他把詩裏面的哲學稱為「自然」，（序裏面說：「言神辨自然以釋之（惜生之惑）。」）〈神釋〉其中兩句：「立善常所欣，誰當為汝譽？」就是回應儒家立善不朽之說的，把「為而不恃」的態度表達得十分透徹。如果以行善求不朽，也就是「有為」了。行善是人的本分，應該是自發的，出於自然的，無論日後的人稱讚與否，都樂意做的，也就是「常所欣」的事。既是本分之事，其他的人沒有責任必須稱讚、記念（誰當為汝譽，這裏的「當」字是「應該」的意思）。因此立善不朽並非事實上的必然，也不是道理上的應然。立善只是做自己喜歡的，不求別人的稱讚、表揚，也不覺得應該被稱讚表揚，這便是「為而不恃」。

「長而不宰」：擔任工作的負責人，要明白他統籌、管理他人只是他的職責，並不是自己本質上比同儕高一等，是他們的主人。所「長」（掌）的是事務，不是共事的人。今日不少位居管理階層的人，不明白「長而不宰」的道理，以為他們既然是部門主管，部門裏面的人便是他的「下」屬。以大學為例，校長、校務長、秘書長、人事部長……等等，和在教室教學生的教師，在圖書館管理圖書的館員，在辦事處處理文件的文員，都是工作上面的同僚，只是所負的任務不同，各各相輔相成，無分彼此，同樣重要。沒錯，教師、職員必須遵從管理層定下的某些規矩，那是因為職責不同，因此要求不同，並沒有高下貴賤之別，而且兩者從屬的關係也只限於和校務有關的場合。然而，歷史上很少可以超越這種錯誤，身居管理層的而能夠「長而不宰」，不少悲劇也是因此發生。

《荀子．非十二子》：

士君子之所能不能為：君子能為可貴，不能使人必貴己；能為可信，不能使人必信己；能為可用，不能使人必用己。故君子恥不修，不恥見汙；恥不信，不恥不見信；恥不能，不恥不見用。……端然正己，不為物傾側。夫是之謂誠君子。

生而不有，為而不恃，長而不宰並不是教誨我們工作不認真，不投入。「生」、「為」、「長」都是荀子所謂的人之「所能」；而「有」、「恃」、「宰」就是人就自己所能而為之後，對所得到的結果不該有的反應，有這些反應便已經「為物傾側」，不再是真君子了。不有、不恃、不宰是警誡我們不要把自己所能為，所應為的，與隨之而來的權位，毀譽等同，這些都是「身外物」，我們是它的主人，不是它的僕役。必須凌駕它們之上——不要被它們傾側，寵辱若驚，長嘆己身非我有。

「齊」是動亂之始

在開始講述道家故事的時候，已經提到過它的前身和楊朱的思想有密切的關係，這裏再引述馮友蘭的話：「楊朱之後，老莊之徒興。老莊皆繼楊朱之緒，而其思想中，卻又卓然有楊朱所未發。於是楊朱之名遂為老莊所掩。所以楊朱之言似消滅實未消滅也。」⑪楊朱為我，大家都知道，繼其餘緒，道家的中心思想，如「自然」、「無為」、「弱」、「反」都是關乎「我」個人的行為，在修身方面的確有發前人所未發之處。然而，關於倫常、人際關係，個人修為範圍以外的討論，卻是道家思想裏面較弱的一環。像法家的道之以政，齊之以刑；儒家的道之以德，齊之以禮，用不同方法把他人「齊」於自己的「道」，道家是付之闕如，認為是絕大的不該。

上德不德，是以有德。……上德無為而無不為。……上禮為之而莫之應，則攘臂而扔之。……夫禮者忠信之薄，而亂之首。……是以大丈夫處其厚不居其薄……。《老子・三十八章》

用方法把別人「齊」向自己的道，甚至不惜「攘臂而扔之」，在道家看來是「忠信之薄」，是導致社會動亂的開始。其他的人和我一樣，是域中四大之一，和道一樣無名，自然，出而成器的時候，知反，能反。人與人之間的關係應該要在這些方面彼此尊重：輔助對方之自然而不敢為，不該勉強他們和自己齊一。因此春秋戰國年間，不同流派的諸子，「各引一端，崇其所善，以此馳說，取合諸侯，」可是在他們中間我們找不到重要的道家人物。並不是道家以為這樣栖栖遑遑奔走諸侯之間以求見用就是競逐名利，不夠清高。諸子當中不乏不求名利，真正有心

⑪ 馮友蘭：《中國哲學史》，頁一七三。

濟世之士，把他們全都打成營營為己並不公平。道家之所以不見於那些遊說諸侯的諸子之列，是因為他們的理想社會並不是要把人民都「齊」起來，而是要容讓人民自然，可以我行我素的社會。

主張少欲寡求

本來初民的生活就是很自然、我行我素的，如古〈擊壤歌〉所云：「日出而作，日入而息。鑿井而飲，耕田而食。帝力於我何有哉?!」但人口漸逐增加，人與人之間接觸頻密，彼此之間的利害便需要調和、平衡，否則便生亂。這些調和、平衡就是制度、禮教。禮制要求人民彼此緊守自己的崗位，素位而行。這在道家眼中就是限制了人的自然，是相濡以沫。然而「相濡」似乎是人口多了以後，要維持社會不生亂，無容選擇的條件。在「民眾」的社會，要維持個人自然無為可便難了。道家的理想世界是小國寡民，就是因為這個理由。

小國寡民。使民有什佰之器而不用。使民重死而不遠徙。雖有舟輿無所乘之；雖有甲兵無所陳之。使民復結繩而用之。甘其食。美其服。安其居。樂其俗。鄰國相望，雞犬之聲相聞。民至老死不相往來。《老子‧八十章》

然而〈八十章〉：「有什佰之器而不用……有舟輿無所乘之」，強調的不是沒有眾多的器物，不是沒有舟車；只是有而不用，有而不乘。所描寫的並不是客觀的小國寡民，而是主觀上少欲寡求的社會。《老子．四十六章》：「罪莫大於可欲。禍莫大於不知足。咎莫大於欲得。故知足之足常足矣。」〈八十章〉全篇沒有提到欲，但主題很清楚是要人減少欲望，勸人知足。有什佰器物而不用，有眾多舟輿而不乘，因為沒有使用這些器物、乘坐這些舟輿的需要和欲望；人民過的是一種少欲寡求的生活。

「甘其食。美其服。安其居。樂其俗。」這四句固然可以，也往往被解成：改善人民的衣食住行，令他們吃得更好，穿得更美，住得更舒適，生活得更快樂。在一般情況下，這個解釋十分正確，但卻不是〈八十章〉這四句的意思。它的意思是：使人民「覺得」他們（現有的）食用甘甜，（現穿的）衣服美麗，（現住的）居所舒適，（現過的）生活愉快。並沒有客觀改善人民衣食住行的意思，而是使人民主觀上滿足於現有的生活。這樣的解釋才能帶出全章：「故知足之足常足矣」的結論，才可以和〈第三章〉：「不尚賢使民不爭。不貴難得之貨使民不為盜。不見可欲使民心不亂」相互呼應。〈八十章〉描述的不是客觀的小國寡民，只是人民過的是小國寡民的生活，持有的是小國寡民的生活態度。他們逍遙、自在，就像「活在帝力於我何有哉」的社會一樣。道家十分明白客觀上的小國寡民已經一去不復回了。所以他們從來未建議過我們怎樣客觀地逆轉人口漸多的自然趨勢。只是建議透過主觀的寡欲、知足去維持，無論在甚麼客觀環境，都生活得像在小國寡民的社會一樣的逍遙、自然。

道家這種少欲寡求，以維持一己自然、逍遙的生活，很多人覺得乖背人之常情，立論過高。荀子反對陳仲、史鰌：「忍情性，綦谿利跂，苟以分異人為高。不足以合大眾，明大分。」（《荀子・非十二子》）指斥他們違背常理人情，故意標奇立異，與眾不同，不能融合大眾，申明大義。陳仲、史鰌，今日未必視為道家的代表人物，但荀子對他們兩人的批評，大體上就是當時，甚至後世，一般人對道家的意見。

一切理想都是比現實「高」的，否則便不能稱為理想了。儒家見諸《禮運・大同》的理想，且不要說：「天下為公，選賢與能，講信修睦」這種內在人性的境界，就是外在的太平景象：「謀閉而不興，盜竊亂賊而不作，外戶而不閉」也是離現實很遠，古今中外都沒有社會曾經臻至過這樣的境地，卻從未有人批評過它陳義過高？或曰，這個理想雖然高，但並不是「忍情性」，是真的「明大分」。為甚麼道家的理想自然、無為便是乖離人的情性、不明大義呢？其實每個人都希望能夠自然，隨意作自己的事，不受任何限制縛束，莊子說：「齕草飲水，翹足而陸，此馬之真性情也！」人的真性情何嘗不是嚮往這種逍遙自在？道家的理想又怎能說「過」高，「忍情性」呢？其實道家這樣的理想，比儒家的大同社會，更合乎人性的要求。道家要讓人人都可以自然，逍遙的理想世界並不是惹後人非議的地方；他們希望透過人人寡欲，寡求去臻達這個理想世界，才是有待商榷之處。

不知足之欲

少欲、寡求的確可以減少人與人之間的矛盾、衝突，使人容易過一個自然、逍遙、無待的生活。然而，雖然說「罪莫大於可欲。禍莫大於不知足。咎莫大於欲得」但欲是自然發生的，不知足也是人性的一部分。沒有這不知足之欲，人和禽獸便差不了多少。有了這個不知足之欲卻又成了人類痛苦的根源。古今中外，不同的文化都直接間接討論過這個人與生俱來的「不知足之欲」。希臘神話裏面，靠着父親戴達洛斯（Daedalus）用羽毛和蜂蠟製成的雙翼，要與太陽共比高，卻在逼近太陽時，蜂蠟被太陽熱力溶化，雙翼解體，掉進愛琴海喪生的伊卡洛斯（Icarus）；《山海經》記載與日競跑渴死西陲的夸父，他們都是死於這個不知足的欲望。《紅樓夢》其中一個主題也是這個欲。寶玉含玉而生就是這個問題的具體象徵。寶玉所含的玉是經過媧皇鍛鍊，靈性已通，但卻未能被用上補天，「心比天高，身為下賤」，也就不得不在青埂峰下自艾自怨了。寶玉與眾不同的聰慧就是因為有這塊媧皇煉過的玉，丟了這塊玉，他便不過是癡癡呆呆的一個普通人。《紅樓夢》作者沒有在故事結束的時候砸破這塊玉，甚至玉失去了，還讓它被尋回，欲的難處理，欲之所以是人生大問題於茲可見。要砸破這塊玉，消滅這個欲，且不要說是否可行，要問的是：這樣做又是否違反道家的「自然」呢？怎樣處理欲的問題，我覺得前面提到荀子的養欲，比道家的寡欲更合理，更值得好好思考、發展。

二十世紀著名的法國存在主義者尚—保羅・沙特（Jean-Paul Sartre，一九〇五年至一九八〇年）認為，人是透過衝突才認識到其他人的存在。沒有其他人，只有物的世界，我安排一切，控制一切。但有了像我一樣的另外一個人，便由不得我任意安排，甚至我會被他視為像物一樣由他隨意擺佈了。舉一個例：前面有一把椅子擋住去路，我可以把它移開，椅子不會反抗；但如果擋路的是一個人，他可以不肯離開，甚至趕我離開，迫我改路。故然無生之物也可以帶給我們困難，比如擋路的是一座大山。但移山只是難易的問題，解決方法全在我，我和山之間不會有矛盾、衝突，愚公也可以移山，就是這個理由了。但面對他人時，沒有他的同意便不能像愚公移山一樣把他移走，硬要移，便起衝突了。所以人與人之間的基本關係就是爭這主導權的衝突，沙特著名的一句話：「地獄就是他人」(L'enfer, c'est les autres）就是基於這個觀念。先秦道家沒有跟沙特一樣，公開把衝突、矛盾視為人與人之間的基本關係。然而，《老子》小國寡民的理想要求我們減少人與人之間的接觸：「鄰國相望，雞犬之聲相聞，民至老死不相往來」；莊子嚮往一個彼此可以相忘，像大江大湖一樣的社會，也是同出一轍的想法。雖然《老子》沒有訓誨我們視他人為敵，相反地勸勉我們要尊重他人的自然，然而，他們視他人為「我」的限制卻是很清楚的。因為這樣的看法，他們認為要維持彼此的自然、逍遙，便必得保持距離，太親近便難免相互受制，彼此互損了。人我的互限，道家的看法，似乎只可以迴避，但卻不能超越。

先秦諸子的理想：以道家維持個人的自然、逍遙，和今日西方的民主精神最為接近。民主的理想就是要保障每一個人都享有自由，不受他人的壓制。「自由」是現代的詞彙，古代漢語的同義詞是「自然」、「逍遙」。「功成事遂，百姓皆謂我自然」(〈十七章〉)；「聖人無常心，以百姓心為心」(〈四十九章〉)，都頗具民主精神。可是西方民主思想卻從未帶出過小國寡民、彼此相忘的理論，是西方民主思想想得未夠深切，抑或道家思想在甚麼地方有所忽略呢？

雖然往往是透過矛盾、衝突來認識他人的存在，因為有他人，不再由我隨意安排；但這並不是唯一認識他人存在的途徑。通過合作互助，我們也可以體驗得到。我們發現，外在的物質世界雖然不能主動地拒抗我們，可是不時只憑一己之力未必可以克服它的障礙。但是得到他人的幫助、合作，往往便能夠勝過，達到想要達到的目的。再用上面的例，移山靠一人很難，要是全村的人同心協力，就容易多了；或者有另外的人想到不必移山這麼大的工程，只要鑿一條隧道便可以達到同樣的目的。他人不是我，固然對我會有所約制，但正正因為不是我，沒有我的弱點，有我所沒有的強處，所以可以補足我的不足，增強我的能力，輔助我成功。從這方面看去，他人不只沒有限制我，還打破了我本來的限制，擴大我的可能，令我可以享受更大的逍遙。「我」可以維持它的自然，融攝其他的「我」成為大我；也可以改變，變成其他「我」的部分，人我共同一起逍遙。民主的思想就是朝這方面發展的，他們不因為別人可能對一己的約制，而消極地避免接觸，而是堅信不同的人，不必互相牽制，可以相輔相成共同過一個更海闊天空的自由自主生活。

與人及益己

〈八十章〉並不是《老子》全書的終章，還有最後的〈八十一章〉：「既以為人己愈有；既以與人己愈多，……聖人之道為而不爭」，這裏道家看到了融攝的可能：表面像是放棄了自己，是「與人」，但實在是擴大了自己，增加了自己，所以己愈有，愈多。雖然在這方面沒有太多更深入的發揮、論辯。後來的道家，太重視〈八十章〉消極的少欲寡求，致力避免「我」和「他」之間可能的衝突，先秦以後道家的思想大大地內轉，變得越來越主觀、唯心。千多年來，除了留下兩三位知名隱者，讓我們景仰他們淡薄名利的清高，在中國歷史的人事上便沒有甚麼大的影響了。如果他們多留意〈八十一章〉的思想，多探討怎樣能夠積極地「與人」而「益（增益）己」，敢為而又不爭（攘臂扔之），道家對中國歷史的影響將會大大改觀，說不定，民主思想會比在歐美更早出現於中國。

秦王政於公元前二二一年「使將軍王賁從燕南攻齊，得齊王建。……初并天下，」除謚法，自稱「始皇帝」。[1]春秋戰國時期正式結束。周文、周武、周公，父子三人八百年前立國之初所夢想的一統帝國終於出現，然而帝國的基礎並不穩固。兼併天下後十一年（公元前二一〇年），秦始皇南巡，死於沙丘平臺。李斯、趙高立胡亥為二世皇帝，天下復亂，羣雄蠭出，逐鹿中原。公元前二〇六年劉邦兵至灞上，秦王子嬰降，秦亡，可是天下仍未統一。直到公元前二〇二年漢高祖劉邦擊敗和他爭天下的強敵項羽於垓下，項羽自刎烏江，天下稍定。但漢初行的還是郡國制度，尚有封建的餘痕，再過差不多半個世紀，到漢景帝三年（公元前一五四年）七王之亂平後，封建制度消滅，統一帝國的模式才得確立，根基方始牢固。

春秋戰國時期因為王道已微，諸侯力政，各自為方，引致百家爭鳴，諸子之說蠭出並作，到了漢朝，經過文景之治，天下大定，以後中國的思想界又是怎樣一個景象？有沒有甚麼可說的故事呢？

本書首二章提到過，所有思想都是從「一問」開始的，所問的問題越重要，關涉的人事越多，所產生的思想也越博大精深，影響廣遠。先秦哲學之所以蓬勃，其中一個主要的理由就是當時中國面臨一個大問題，無論它的重要性、牽涉範圍的深廣都是空前的，直到二千多年後的今日，同樣重要、影響同樣大的問題，依然曾不多見。

春秋戰國前，中國的社會是個部落共主的社會，那時候的天子只不過是眾諸侯國的盟主。到了周人踐天子位，他們的領袖有意識地要改變這個政治、社會制度，建立一個集權中央的統一帝國，這實在是個大的「變天」。對這個變天的不同反應便是催生百家爭鳴的重要一問。到了漢朝，這個問題不再存在。從文景之治開始，中國已經沒有各自為方力政的諸侯，是個統一的帝國，統一帝國的政治體制、社會結構、人際關係，在中國直到十九世紀末葉才受到挑戰。失去了先秦所面對的大問題的刺激，思想界也失去了一個大動力，慢慢趨於沉寂是可以理解的。本書前面講述的四家故事，漢以後如果還有甚麼發展的話，已經沒有先秦時波瀾壯闊的氣象，失去了救世的迫切感，誠率開放的童真。秦漢以來，直到今日，除了佛教的故事，中國再沒有可以和先秦媲美的哲學故事了。我們按本書前面次

①《史記・秦始皇本紀》。

序，逐一看看墨、法、儒、道四家思想在春秋戰國後的發展。

墨家以墨子的姓氏為名，表示墨家裏面沒有幾個和墨子一樣分量的代表人物。《漢書・藝文志・諸子略》列入墨家之下的個別思想家只有六個，是諸家中最少的。除墨翟外，其餘五個，三個在墨子之後，都是墨翟的弟子，看來在墨子的圈子之外，或一傳弟子以後，墨家便再沒有值得一提的大家。曾經盛極一時，天下之言，不入於楊，即入於墨的墨家，有關它的故事未等到秦兼併天下便已經說完了。

其實墨子在當時和弟子「赴火蹈刃，死不還踵」（《淮南子・泰族訓》），四處奔走，反戰扶貧，主要是推動一個改革社會的羣眾運動，並不是想要建立一家之言。他的中心思想：兼愛、尚賢、尚同、節用、非攻，墨子用來號召羣眾行動的口號，都是沒有人會反對的理想。細看《墨子》篇章的內容，大都是先列出時弊，然後說這是「別」（不平等）所導致的，或因為不任用有才能之士（不尚賢）的結果，因此倡議以兼（平等）代別，官無常貴，民無終賤，不分階級起用賢能之士（尚賢）。可是論及細節，怎樣兼，如何培育賢人，卻是十分籠統含糊。墨家思想這些的重要理論，其他各家都認同，都有討論，而且比墨家更加詳細、縝密。比如，兼愛，兼的方向、標準，儒家的討論便比墨家深入周詳；墨家的反禮樂只是從功利立場出發，較諸法家從時不我與，道家從違反自然的觀點反禮樂，就未免顯得太簡單，太膚淺，內容有點索然無味了。用作鼓吹羣眾運動的口號，簡單是優點，但從思想學說角度而言卻是「無乃大簡乎」！到了漢朝，天下大定，人民生活較諸戰國年間戰亂頻仍是顯著地進步了，墨家以激盪民情、推動羣眾運動為主的言論，吸引力自然消退，何況它裏面的重要概念，在其他學派中有更能滿足我們知力要求的討論！

秦步上富強之路，商鞅應記首功。滅六國，統一天下，有賴於李斯。商鞅、李斯都是法家人物，先秦諸子中似乎法家最成功。法家的理論以救世（世代）為主。他們的哲學有一種只爭朝夕的迫切感，重點放在如何在最短時間之內取得安定繁榮的成果。至於所用的手段是否合道德，是否長治久安之計，都沒有在他們的考慮之內。這種為亂世度身訂造的思想在戰國末年能夠脫穎而出，幫助秦兼併天下是可以預期的。然而，到了漢朝，天下大定，除了安定繁榮外，還要考慮怎樣維持安定繁榮，怎樣維持才合理；還要尋求一個更高的理想，如何臻達、建立這個理想的途徑。這些考慮便超出了先秦法家只重視當前，只重視手段（術）的哲學了。漢以後考慮這些問題的思想家，一般而言，都被列入儒家，或道家之內，因為儒道兩家從開始便有這些超「當下」，超「功利成果」的考慮。法家的故事，漢以後，也不能再說下去了。

先秦儒家思想和墨家、法家一樣都是和當時的政治、社會有直接關係。儒家支持周禮，認為周禮是理想一統帝國不可少的基石、支柱。儒家的哲學也有一種迫切感，但不是法家只爭朝夕，時不我與那種迫切感，而是擔心大道不行，他們所認同的周文、周武、周公的理想會殞滅。這從孔子臨終前的喟歎：「太山壞乎！梁柱摧乎！哲人萎乎！……天下無道久矣，莫能宗予」可以窺見。[2]他們為周禮，在社會、政治之外，還加上了一層道德的意義。這樣便保證了就是在政治社會體制上，禮樂被廢，禮樂所蘊涵的道德意義還會被繼續討論，仍然可以存留。天下一統後，漢並沒有廢禮樂。政治、社會制度還是依據周禮的模式。漢武帝建元元年（公元前一四〇年），朝廷更接納了董仲舒（公元前一七九年至一〇四年）的建議：「諸不在六藝之科，孔子之術者，皆絕其道，勿使並進。」[3]罷絀百家，獨尊儒術，終結了先秦以降，師異道，人異論，百家殊方[4]的學術自由開放。武帝時罷絀的雖然只是儒家以外的學說，被視為對六藝和孔子之術非正統的解說，亦當被納入「勿使並進」之列。受到朝廷保護的儒家思想，沒有異見挑戰，不敢乖越正統，並沒有大放異彩，反而變得局促，精力只是花在字義、章句的注釋上，雖然說是微言大義的鈎沉，其實大都只是吹求穿鑿，無復先秦時的寬宏活潑。儒家的故事也便乏善足陳。

道家哲學並不直接和先秦的社會政治有關：沒有鼓吹羣眾運動，沒有救世計劃，沒有培育聖人，建立大同世界的方法。它只是鼓勵人自然無為，保存真我，彼此相忘。然而社會、政治的變天，對道家哲學帶來極大的影響。漢以後的大一統帝國給予個人自然無為的空間比諸先秦，或更早期小國寡民的社會要小得多。《老子・八十章》的理想世界一去不復。在大帝國的環境怎樣維持自然無為，如何守弱知反，也便變得越來越內向，越來越唯心。《世說新語・文學》篇記載：

> 阮宣子有令聞。⑤太尉王夷甫見而問曰：「老莊與聖教同異？」對曰：「將無同？」⑥太尉善其言，辟之為掾。世謂「三語掾」。

到了晉宋年間（三〇〇年至四五〇年）道家的自然無為，和儒家的名教已經被視為只是主觀上的分別，當事人視之為自然便是自然，沒有甚麼可以討論發展的餘地了。

---

②《史記・孔子世家》。

③《漢書・董仲舒傳》。

④同上。

⑤《晉書》把這件事載於〈阮瞻傳〉。主角不是阮宣子阮脩，而是阮瞻。《世書新語》此處恐有誤。

⑥徐震堮的《世說新語》校箋以為「將無」與即今語之「莫非」，是商榷之辭。我接受徐說，故在「將無同」後加問號。不過我不認為這是商榷之辭，而是反問（rhetorical question），是肯定之辭。

西東漢交替之際（公元前一百年至公元後一百年），印度佛教東傳中國，是中國首次接觸外國思想。佛教「出家」、「出世」的思想，「色即是空」、「諸行無常」、「涅槃寂靜」等理論，和儒家以家庭孝悌為本的入世哲學格格不入，在獨尊儒術的政策下，是最需要「勿使並進」的學說。韓愈（七六八年至八二四年）的〈原道〉：「斯吾所謂道也，非向所謂老與佛之道也。……曰，不塞不流，不止不行。人其人，火其書，廬其居，明先王之道以道之」，代表了當時不少知識分子的態度。還好佛教在道家的「無名」、「復歸於樸」、「無知無欲」等理論中找到相近的概念、思想。魏晉年間不少學人把佛家的理論和道家思想比附解釋，相互發明，當時的人稱為「格義」。和道家的格義為佛教找到登陸中國思想界的橋頭堡。他們怎樣漸逐把道家，甚至思想與它十分不同、反對它至劇的儒家哲學，融入佛理之中，創出與原來地印度的佛教別具一格的中國佛教，成為中國文化不能割裂的部分，是中國建成一統帝國後，唯一可以媲美先秦諸子，值得講述的中國哲學故事。但這遠非我的學養能力所及，只可期諸異日有資格的有心人講述了。